文化北京图卷
总主编 齐心 范贻光

Pictorial Series of Beijing Culture
Altars and Mausoleums

坛庙与陵寝

主编
姚 安 范贻光

学苑出版社

顾 问
郑孝燮 罗哲文 徐苹芳

总主编
齐 心 范贻光

编 委（按姓氏笔画为序）
王 岗　尹钧科　齐 心　李彩萍　吴文畴
范贻光　孟 白　姚 安　高大伟　黄春和
德永华

本卷主编
姚 安　范贻光

本卷编者（按姓氏笔画为序）
王桂荃　宋 磊　李元龙　范贻光　姚 安
徐广源　倪 翀

摄影作者
徐广源　王其亨　鞠 烽　范贻光　毛 玮
李元龙　李 博　尚 硕　姚天新　武裁军
武文孝　郝颖新　邢启新　于长宝　董文建
牛跃兴　宋 磊　周庆生　胡汉生　高尚武
贾 嘉　鄂 毅

目　录

序　言 ··· 8

一、回眸坛庙与陵寝的演化历程 ································· 10
（一）定焦天宫地宫的立体画面 ································· 12
1. 神圣的九坛八庙 ··· 14
2. 静穆的帝王陵寝 ··· 20
（二）扫描天宫地宫的形制沿革 ································· 24
1. 人与天地万物为一体 ······································· 26
2. 祭祀与墓葬制度的完善与成熟 ··························· 28
3. 天宫地宫的巅峰时代 ······································· 34

二、赏析坛庙与陵寝的建筑景观 ································· 36
（一）解读天宫地宫精湛的设计理念 ···························· 38
1. 有限空间遐想无限宇宙 ··································· 40
2. 风行水动营造阴阳乾坤 ··································· 44
3. 阴阳神道连通融合天地 ··································· 46
（二）感受天宫地宫恢宏的建筑气势 ···························· 50
1. 天宫无尚崇高 ··· 52
2. 地宫玄奥浩大 ··· 55
3. 苍松翠柏寓江山永固 ······································· 60
（三）享受天宫地宫的艺术真谛 ································· 66
1. 坛庙与陵寝建筑空间形象中龙的世界 ·················· 68
2. 坛庙与陵寝建筑中精美的石雕艺术 ····················· 70
3. 坛庙与陵寝建筑中艳丽的彩绘艺术 ····················· 124
4. 坛庙与陵寝建筑中华美的木雕艺术 ····················· 134
5. 坛庙与陵寝建筑中宏丽的琉璃艺术 ····················· 142

三、品味坛庙与陵寝的祭祀情怀 ································· 148
（一）天地神祇行报本返始之礼 ································· 150
1. 繁缛的礼仪制度 ··· 152
2. 祭神敬祖的庄重祀典 ······································· 156
（二）祭祀乐舞的华彩篇章 ·· 174
1. 千年雅乐一脉相承 ·· 176
2. 皇家乐府世代沿袭 ·· 186
3. 厚葬中奢华的葬品 ·· 188

四、传承坛庙与陵寝的文明精髓 ································· 202
（一）贯穿天地人的魅力轴线 ···································· 204
（二）赋予象征力的文化内涵 ···································· 208
1. 选址与布局的风水理念 ···································· 210
2. 建筑中形状的文化象征 ···································· 212
3. 建筑中数字的文化象征 ···································· 213
4. 建筑中色彩的文化象征 ···································· 215
（三）跨越新世纪的现代传承 ···································· 216

后　记 ··· 222

Contents

Preface 8

The Evolution of Altars and Mausoleums 10
  The Stereo Images of Heavenly Palaces and Underground Palaces 12
    1. The Nine Holy Altars and Eight Sacred Temples 14
    2. The Solemn Imperial Mausoleums 20
  The Structure Evolution of Heavenly Palaces and Underground Palaces 24
    1. Human and the Universe as a Whole 26
    2. Perfection and Maturing of Sacrificial Rituals and Burial Practices ...28
    3. The Peak Age of Heavenly Palaces and Underground Palaces 34

The Architectural Scenes of Altars and Mausoleums 36
  The Exquisite Design Concept in Heavenly Palaces and Underground Palaces ...38
    1. Limited Space but Infinite Universe 40
    2. *Fengshui*, *Yinyang* and the Universe 44
    3. The Connection between *Yinyang* and the Universe 46

  The Grand Architectures of Heavenly Palaces and Underground Palaces 50
    1. The Sublime Heavenly Palaces 52
    2. The Profound Underground Palaces 55
    3. The Evergreen Which Implies Permanent Dynasty 60
  The Art Spirit of Heavenly Palaces and Underground Palaces 66
    1. The Dragons World in the Architectures of Altars and Mausoleums 68
    2. The Perfect Stone-carving Art in the Architectures of Altars and Mausoleums 70
    3. The Brilliant Painting Art in the Architectures of Altars and Mausoleums.........124
    4. The Seductive Wood-carving Art in the Architectures of Altars and Mausoleum ...134
    5. The Gorgeous Glass Art in the Architectures of Altars and Mausoleums 142

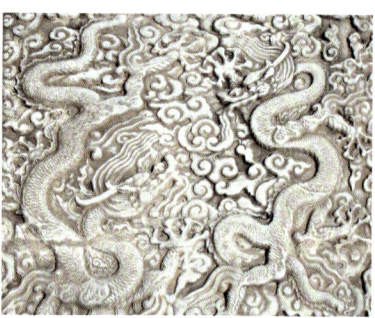

Feelings in the Sacrificial Ceremony of Altars and Mausoleums 148
  Worshipping Gods and Ancestors 150
    1. The Elaborate and Complex Ceremonial System 152
    2. The Solemn Rituals 156
  The Spectacular Ritual Dances 174
    1. Ritual Dances with Continuity Traceable to Thousands of Years 176
    2. The Long Hereditary Royal Music Conservatory 186
    3. The Luxurious Burial Articles 188

Cultural Essence of Altars and Mausoleums 202
  The Harmonious Axis Between the Human and the Universe 204
  The Symbolic Meanings of Cultural Intention 208
    1. *Fengshui* Adopted in the Placement and Arrangement 210
    2. Symbolic Meanings of the Architecture Shape 212
    3. Symbolic Meanings of the Numbers 213
    4. Symbolic Meanings of the Colors 215
  Stepping Into the New Age with its Heritage in Modern Way 216

Postscript 222

- 回眸演化历程
- 赏析建筑景观
- 品味祭祀情怀
- 传承文明精髓

序 言

众所周知，北京乃五朝古都，国脉所系。先有辽金元三朝苦心经营，又经明清两代倾力打造，可谓步步见景，气势凌云，而遍布于北京的坛庙、陵寝，是富有独特魅力和象征意义的建筑景观。其中，天坛与十三陵无疑是其典型代表，历经六百年风雨，见证着兴衰更替，承载着跌宕起伏，每每观瞻游览，令人感慨万端。

回顾历史，先人在摆脱蛮荒、走向文明的道路上，不断探究天地宇宙起源和衍化的奥秘，并从中提炼出哲学内核，用以指导政治军事，规范社会生活。对于宇宙起源和衍化的过程，先秦名著《老子》已有"三生万物"之说，即阴阳二极及其二者之间的"和气"实为天地造化之端。天为阳，地为阴，天地交通，产生万物。据郭店楚简《太一》所载，天地交通是由"神明"所实现的，"神之在天，明之在地"，神明之交，天地间便有了生机。这种三元造化观，成为先秦自然哲学的核心概念之一，对后世具有深远的影响。

除天地神明之外，"人为天地之心"的观念也在中国传统哲学中有着深刻的体现。孟子曾提出"尽心"、"知天"的观点，认为人心能够与天地相通。《孝经》亦云："天地之性，人为贵。"天地神明为宇宙之端，而人则为天地之本，体现了早期的人本思想。传统社会中，中国的最高统治者一直以天子身份，独享天人沟通之权，代表芸芸众生，主持对天地之敬奉。此外，祖先在中华先人心目中，一直具有准神灵身份，帝王之祖先，更是地位突兀，无以伦比，而天地人神的沟通，以及对祖先之垂敬，首先体现在历代帝王的祭祀与丧葬礼制上。

天坛与十三陵，便是实现这一礼制的载体。就其方位而论，前者位于恢弘壮丽的北京中轴线南端偏左，后者位于巍峨秀美的北郊天寿山脚下，遥遥相对，南北呼应，分别代表了中国古代祭祀与丧葬礼制建筑的高峰。

京城的九坛八庙是明清帝、后进行各种祭祀和供奉祖先的场所，代表封建国家礼制和皇权威严的祭祀建筑，其中天坛为现存中国古代规模最大、等级最高的祭祀建筑群，是古人祭天的场所，是人联系天宫的桥梁，人在这里实现了与昊天上帝的交流；而京华的帝王陵寝则以明十三陵为冠，其为现今世界上保存最为完整、埋葬帝后数目最多的皇陵建筑群。陵寝是安葬已故帝后的场所，是后人联系先帝的纽带，人在这里实现了与列祖、鬼神的沟通。天坛通天、陵寝达地，二者成于人力，为交通天地神明而造，形成了天地人神的和谐统一。

由于郊坛庙社与皇帝陵寝具有极其重要的意义，因而在明代北京城肇建之初，二者便作为都城规划的重中之重被提上日程：永乐七年（1409年）五月，长陵开始营建；永乐十五年（1417年）六月，郊庙建设也随即动工。包括坛庙、陵寝在内的明代北京城，其设计和修建相传是由"蒯鲁班"之称的蒯祥负责。在他和众多能工巧匠的打造之下，明代北京城部分继承了元大都的形制，充分契合了《周礼·考工记》的规划思想，使封建礼制和伦理纲常在这座帝都得到了充分的体现——皇帝居紫禁城正中，左祖右社、仰天倚地。皇帝享有天祚之时，每年到南郊的天坛祭天，正位皇天上帝，配位列祖列宗；待皇帝宾天之后，便退居都城外山脉，依旧俯瞰这座城市，佑护他的子民。随着时间的推移，历代王朝、两千年帝制都已被岁月所淹没，而这些坛庙陵寝却与古都北京一起保留了下来，作为独特的城市景观和宝贵的文化遗产，依然深刻影响着这座城市，它们所承载的历史，也永远融入了这座城市。

北京的坛庙陵寝历史悠久、体系完整、规模宏大、气势磅礴。他们交相辉映，共同诉说着京师大地的沧桑往事，书写着中华民族的厚重文明。它们从明清一路走来，经历民国、新中国，更始千年，穿梭古今。当前，坛庙陵寝早已完成了角色转换，由昔日平民无权涉足的皇家建筑，变为全体国民的游憩乐园，向社会开放，为大众服务。在保留历史传统的同时，实现了现代价值，同时也拥有了可以持续发展的未来。

"文章合为时而著"。时值党的十七届五中全会提出,文化是一个民族的精神和灵魂,是国家发展和民族振兴的强大力量,要推动文化产业成为国民经济支柱性产业。这是迄今为止国家赋予文化产业的最高地位。值此文化大繁荣、大发展的历史机遇,"天坛文化圈"的建设如火如荼,"十三陵明文化创意产业集聚区"的发展方兴未艾,我们拿什么为推动文化产业的发展添砖加瓦?为此,本书作者姚安博士决定将以往的研究成果推出,企盼能奉献一份绵薄之力。

姚安博士曾在天坛履职16年,熟悉天坛的一草一木,修天坛志书10年,对这座伟大而神奇的祭坛充满感情及敬意。1998年,亲历了天坛被列为世界遗产的全过程,从撰写文本到赴巴黎参加联合国教科文组织世界遗产大会,对天坛的价值理解更深。有了这番经历,在随后十三陵的世界遗产申报过程中,她也参加了专家组工作,为申报成功尽了自己的努力。在中央电视台的世界遗产系列节目制作过程中,她负责天坛与十三陵的撰稿,对皇家陵寝独特而深厚的文化意蕴有了更深的理解。自涉足坛庙与陵寝文化的研究之后,为蕴含其中的深刻文化意蕴所打动,深感有必要将坛庙与陵寝的文化内涵进行深入发掘、综合研究,向读者普及,于是心生将天宫与地宫做一全面比较的想法,并以博士期间开始长期积累的研究成果为基础,加之在遗产研究保护一线的多年工作实践,用心编写,遂成此书。书中以理性思考结合情韵风趣,兼顾学术性与普及性,力求在文字通俗的同时保持专业水准,希望能引发不同层次读者的阅读兴趣。

本书以天坛与十三陵为主线,同时对中国古代坛庙、陵寝建筑文化进行研究,并融汇于大背景之下:回眸坛庙陵寝的历史演化历程,赏析其经典建筑景观,品味其祭祀礼乐典制,传承其古今文明精髓——从整体到脉络再至细节,将北京的坛庙陵寝全面而细致地展现给读者。

为兼顾学术价值与可读性,本书精选了数百幅珍贵文物图片及照片,配以精练的文字说明,图文并茂地讲解九坛八庙和帝王陵寝的历史与现状,力求系统、生动、贴近读者。书中部分图片和照片为首次公开发表,具有很高的学术价值,望对坛庙与陵寝的研究有所增益。

本书的新颖之处还在于,以独特的角度对祭坛和陵寝文化进行切入,首次将"通天"的天坛和"达地"的十三陵结合起来,作为一个整体进行阐述,并发掘其中所承载的深厚而广博的人文精神,这与中华民族所独有的"天地人和"核心文化思想紧密契合,更能展现出丰厚的文化底蕴。

为使全书逻辑清晰、内容详实,作者设计了回眸、赏析、品味、传承四部分。回眸历史发展,对中国古代坛庙、陵寝文化进行整体回顾,并聚焦明清这一坛庙、陵寝发展的巅峰时期;赏析建筑景观,对坛庙、陵寝文化的物质载体进行解读,展现一系列哲学与美学相结合的旷世杰作;回味祭祀情怀,对坛庙、陵寝文化的精神内核加以阐述,重现明清祭祀的礼乐文化;传承文明精髓,对北京坛庙、陵寝对北京城市布局及都城文化的影响加以介绍,并回顾天坛、十三陵的开发、保护及申遗之路。

天坛与十三陵双双加入《世界遗产名录》之后,日益得到全世界的普遍赞赏和广泛关注,成为连接民族与世界之津梁。相信伴随着此书的问世,坛庙文化之魅力将得以充分展现,读者可感受其丰富的文化内涵,沐浴传统文化之光辉。此书出版在即,姚安博士索序于我,以多年同业,无由推辞。聊抒所感,草成此篇,以示对作者的祝贺、对读者之期许。

是为序。

单霁翔
2015年8月

一、回眸坛庙与陵寝的演化历程

坛庙祭祀与陵寝丧葬是中华五千年文明的重要组成部分，展现了传统文化的博大与精深。

有八百余年建都史的北京城，海纳百川，继承发展，形成了凝重的文化积淀。如今展现在世人面前的精美绝伦的坛庙建筑和气势宏大的皇家陵寝，蕴含着深厚的文化内涵。这些建筑展现了中华民族丰富的想象力和创造力，代表了当时最高的建筑技术与艺术水平，气魄宏伟，成为独特的城市景观。

中国的坛庙祭祀建筑有着悠久的历史。甘肃秦安大地湾的新石器时代遗址就有类似庙堂的祭祀建筑，距今五六千年的陕西临潼姜寨仰韶文化遗址和辽宁西部牛河梁红山文化遗址中，都有用于祭祀的祭坛。夏代已经有了祭祀先祖的宗庙，称为"世室"；商代的宗庙称为"重屋"。祭坛设在宗庙里，是当时社会生活中的重要场所，祭祀天神、地祇和祖先等礼仪均在这里举行。周代文化遗存中的"明堂"是具有综合功能的大型建筑——既是"天子布政之宫"，又是"宗祀先王，祭五帝"的宗庙与祭坛。

西周时期，传统天命观发生变革，对祭祀建筑的规制产生重大影响，形成了"左祖右社"、"兆五帝于四郊"的坛庙分置格局，既提升了天（上帝）为百神之王的神权地位，又奠定了以宗族、血缘关系为基础的封建宗法等级制度。

北京地区最早的坛庙出现于公元前11世纪。

北京建城之初，先后为蓟、燕二国之地，蓟国循周礼之制修建祭祀祖先的神庙。燕国灭蓟，又在此辟专门的祭祀场所——沮泽，建有名为"元英"、"历室"的建筑，既是宫殿，也是国君祭祀祖先的宗庙。东晋永和年间，慕容氏建燕国（前燕），曾建燕太庙。隋大业七年（611年），隋炀帝曾经在此修筑社、稷二坛。

北京城的建筑格局，源于辽，始于金，立于元，形于明，定于清。

金代仿北宋东京的规制，建中都于北京，陆续兴建太庙，社、稷二坛及天、地、日、月四坛，后又在南郊建造高禖坛、风师坛、雷雨坛等祭坛，坛庙建筑具有了一定规模。但是由于改朝换代以及战乱破坏的原因，元代以前的祭坛神庙已荡然无存。

元代建大都于北京，先后修建了太庙、社稷坛、圜丘、先农坛、先蚕坛及孔庙等皇家祭祀建筑，体制完备，规模较大，在中国古代祭祀建筑发展史上起到了承上启下的作用。

北京的坛庙建筑，在明永乐年间已初具规模，经明代嘉靖时期"大祀改制"和清代乾隆时期进行大规模的修缮改建，达到了中国古代祭祀建筑发展的巅峰。

丧葬礼仪与陵寝制度是伴随华夏文明的诞生而同步发展的。在古代礼仪中，丧礼产生最早。一万八千年以前，山顶洞人在死者身旁撒以红色的赤铁矿粉末，并以生产工具和装饰品随葬，已含祈盼死者在天之灵给生者以庇佑之意。

我国早期墓葬，地面之上无任何建筑。周代制订墓葬等级制度，允许贵族在墓上封土筑坟，从此出现坟、冢等墓葬形式。帝王的坟墓高大，状如山陵，称为陵，这一名称后来成为帝王墓葬的专用称谓。

西周时期把丧葬礼仪列为"五礼"之一，制订了详尽的丧葬礼仪制度。

自秦始皇大兴土木营建皇陵开始，历经汉、唐和宋、明、清，历代封建王朝遵从儒家"厚葬以明孝"、"事死如事生"的传统思想，无不实行帝王厚葬，并为显示皇家威严和皇权的至高无上，不遗余力地建造规模宏大、等级规制最高的皇家陵寝建筑，成为中国古代丧葬文化中极具特色的一种历史文化现象。

历代帝王的陵寝均建于都城附近。五朝古都北京留存下大量帝王或藩王的陵墓遗迹。金代在北京西南的大房山（现在的房山区）建造金陵，葬有17位皇帝。金陵的"道陵苍茫"景色还被列为元代著名的"燕南八景"之一。元代由于民族风俗的原因，墓葬方式与其他各代不同，除内蒙古伊金霍洛旗的成吉思汗陵外，其余皇帝葬埋之处均无陵寝建筑。

明代在中国古代陵寝制度发展史上是一个转折点。太祖朱元璋在生前就建造了寿陵，后来的明清两代帝王多有效仿，即在位之时便精心营建自己的陵寝。明代在今北京城以北的昌平区天寿山南麓建成规模宏大的明十三陵。清代在今河北遵化和易县分别修筑东陵、西陵皇家陵寝建筑群。明清皇家陵寝集古代陵寝文化与建筑艺术之大成，在中国古代陵寝发展史上留下辉煌的一页。

世界上最大的古代祭天建筑群——天坛

(一)定焦天宫地宫的立体画面

明清时期的北京，坛庙祭祀建筑日臻完善，皇家陵寝建筑威严宏伟。代表封建国家礼仪制度的祭祀建筑，作为都城建设的重要组成部分达到鼎盛。至清代末期，包括辽金元三代遗留的古刹名寺在内，遍布北京城的坛庙寺观等各类祭祀建筑已达3000余座。

明朝于永乐年间迁都北京，在营建都城时，修建了天地坛、太庙、社稷坛等祭祀建筑。1530年嘉靖皇帝大祀改制，对坛制进行重大改革，增建圜丘、方泽、朝日、夕月、先蚕、高禖等祭坛及历代帝王庙，从而奠定了今日所见北京坛庙建筑格局的基础。

清代初期，祭祀礼仪主要沿袭明制，新增了具有满族传统特色的祭祀建筑"堂子"。"康乾盛世"社会稳定，经济发展，财力充盈，乾隆皇帝在全面修订礼仪制度的同时，动用大量财力物力对北京的坛庙祭祀建筑进行大规模的修缮和改建，工程之大、历时之久、耗资之巨，为前代所无。这使北京坛庙建筑发生了质的飞跃，建筑更加巍峨宏大，色彩更为鲜明绚丽，大量补植的树木茂密葱郁，使祭坛神庙更显庄重肃穆。

至此，用于国家祀典的祭祀建筑形成完备的体系——四坛郊祀"天人对越"，"左祖右社"彰显皇权；"先农"耤田祭享农神，"先蚕"植桑以祀嫘祖；帝王之庙崇德敬贤，文庙祀孔尊师重道；"堂子"、"雍和"民族和谐，"传心"经筵王道传承——完整地体现了以尊天敬祖、崇德礼贤为核心的封建宗法制度，展现出一幅中华传统礼仪文化的立体画卷。

皇家陵寝是在"慎终追远"、"事死如生"的文化理念下产生的礼制建筑。明成祖朱棣迁都北京，循古礼王者之墓随都而建之制，于京城之北的天寿山南麓建造皇陵。有明一代，子随父葬，共有13位皇帝埋葬于此，统称"十三陵"，成为中国古代第一座规模宏大的皇家陵园。

明十三陵的建筑，继承了古人"天人合一"的自然观与伦理观，将华美而不失庄重的宫殿式建筑与陵区的自然风光融合在一起。陵寝四周环山，如拱似屏、龙山、虎山左右对峙，气势磅礴，凸显皇家威严、帝王气派，整座陵园充溢着古朴、肃穆、神秘的气氛。

清代皇陵在陵地选址、陵园规划、陵寝布局等方面皆遵循明陵规制，而在布局严谨、建筑宏伟、工艺精湛等方面则各具特点，形成了清代陵寝建筑的独特风格。

清东陵裕陵

定焦天宫地宫的立体画面

文化北京图卷 **坛庙与陵寝** 回眸坛庙与陵寝的演化历程

13

1. 神圣的九坛八庙

坛庙是一种特殊类型的中国建筑，它不是佛寺、道观等宗教建筑，却具有一定的民族宗教文化的崇拜意义；它不像宫殿那样具有强烈的政治、伦理意味，但又包融着政治、伦理的丰富内容，可以称之为中国的礼制类建筑。

明清以来，代表封建国家礼制和皇权威严的祭祀建筑，是以天坛、太庙为首的"九坛八庙"，"九坛"指天坛、地坛、日坛、月坛、社稷坛、先农坛、神祇坛、太岁坛、先蚕坛；"八庙"指太庙、先师庙（孔庙）、历代帝王庙、奉先殿、传心殿、寿皇殿、雍和宫、堂子。

九坛八庙在京城的位置，依封建礼制或祭祀礼仪的规范以及皇权统治的需要分设于皇城内外。天、地、日、月四坛分布都城四郊，先农、神祇、太岁三坛合建于南郊西侧，太庙与社稷坛分置皇城左右两侧，符合周礼"右社稷，左宗庙，兆五帝于四郊"的建筑格局。

明清北京"九坛八庙"的建筑格局，标志着封建国家祭祀礼仪制度已达到十分完备的程度。中华民族的祖先经过长期的社会实践，察天象运行之规律，感大地载物之恩德，悟天人和谐之法则，立纲常伦理之规范，创建了以"天人合德"为核心的社会政治伦理与"敬天、尊祖、重德"的信仰体系。"九坛八庙"作为礼制建筑，是传统思想和信仰体系物化了的表现形式，以其特有的建筑，通过各具特色的祭祀礼仪，形象地展现了"敬天尊祖"的民族意识与崇德尚贤的人文精神。

(1) 天坛

(2) 地坛

(3) 日坛

(4) 月坛

(5) 社稷坛

(6) 先农坛（上）
　　神祇坛（中）
　　太岁坛（下）

(7) 先蚕坛

定焦天宫地宫的立体画面

(8) 太庙　　　(9) 先师庙(孔庙)

(10) 历代帝王庙

文化北京图卷

坛庙与陵寝

回眸坛庙与陵寝的演化历程

(11) 奉先殿

(12) 传心殿

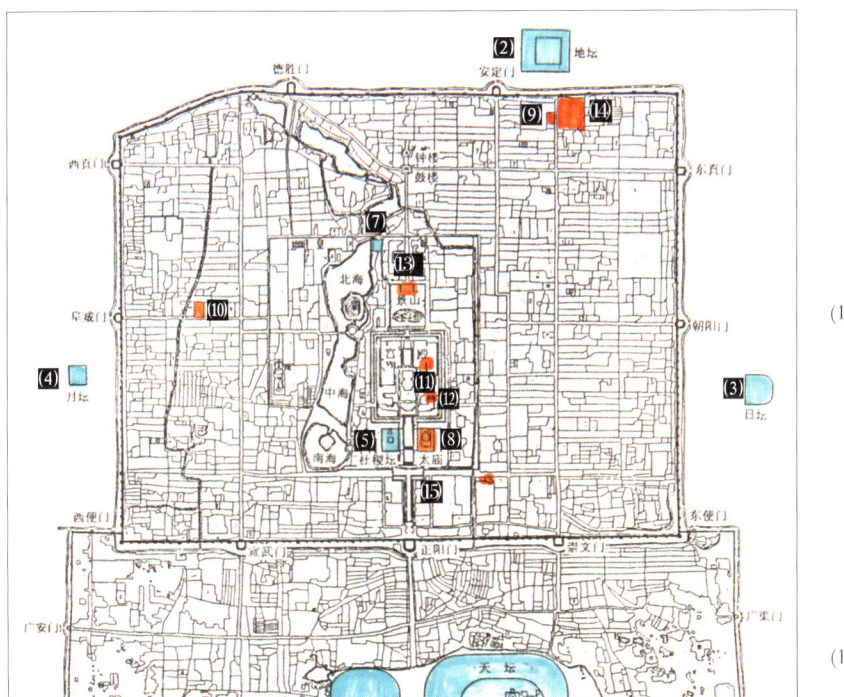

九坛八庙在北京城的位置

(15) 堂子　　　(14) 雍和宫　　　(13) 寿皇殿

(1) 九坛

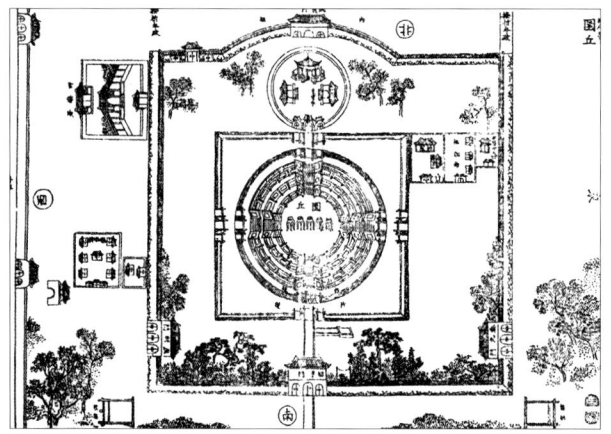

天坛（采自《唐土名胜图会》卷4）

　　天坛位于北京正阳门外东南方，始建于明永乐十八年（1420年），初称"天地坛"。历经明嘉靖与清乾隆时期的改建、扩建，形成祈谷坛、圜丘坛两坛相连的格局，为明清两代皇帝举行祭天大典的场所，是现今世界上规模最大、保存最完好的古代祭天建筑群。现存祈谷坛、圜丘坛、斋宫、神乐署四组建筑。其中，祈年殿成为古都北京的标志性建筑。

　　天坛以象征性的建筑设计和布局，鲜明地体现出中华民族传统文化中"天人合一"的宇宙观和哲学思想。1998年12月2日，世界遗产委员会将天坛列入世界文化遗产名录。

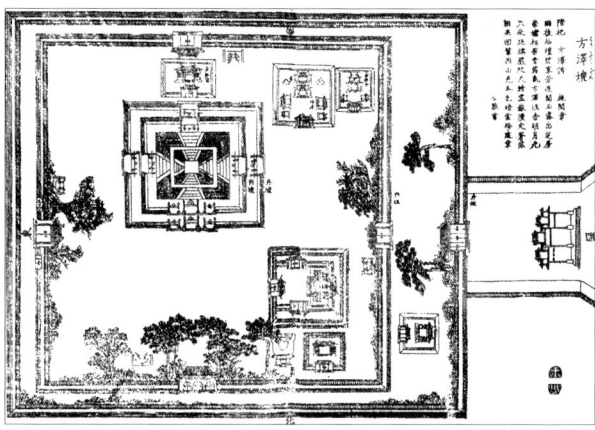

地坛（采自《唐土名胜图会》卷4）

　　地坛位于北京安定门外东北方，始建于明嘉靖九年（1530年），亦称"方泽坛"，依《周礼》"夏至日祭地于泽中方丘"之说而得名，祭坛下特意设计一道泽渠环绕作为象征。中心祭坛上下两层，外有坛墙两重，形制均呈方形，以寓"天圆地方"之义。清乾隆十五年（1750年）曾进行改建，将黄琉璃砖坛面改换为艾叶青石坛面。地坛为明清两代皇帝每年夏至之日祭祀"皇地祇神"之场所，以五岳、五镇、四海、四渎从祀，以报大地"厚德载物"之恩，祭祀等级仅次于祭天，同属大祀之列。坛内建有皇祇室、具服殿、斋宫、钟楼等附属建筑。1981年，按清乾隆时的形制恢复。

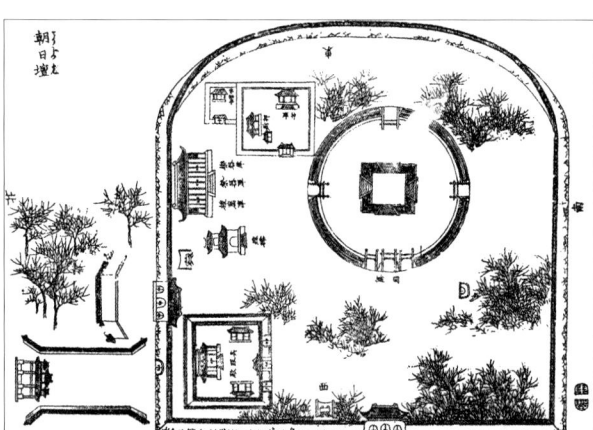

日坛（采自《唐土名胜图会》卷4）

　　日坛位于北京朝阳门外东南方，明嘉靖九年（1530年）建，亦称"朝日坛"。嘉靖皇帝认为"日月照临，其功甚大"，应当设坛专祀，于是秉周礼"兆日于东郊"的规制建坛，清顺治八年（1651年）复建，乾隆、光绪年间曾加以改建。日坛外垣前方后圆，象征天圆地方。祭坛为方形，仅一层，坛墙则为圆形。祭日祀典于春分之日举行，与秋分祭月相对应，古人认为"春分阳气方永，秋分阴气向长，故祭以二分，为得阴阳之义"。

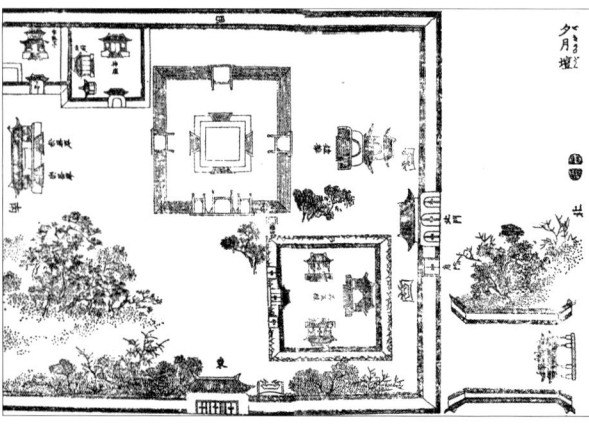

月坛（采自《唐土名胜图会》卷4）

　　月坛位于北京阜成门外西南方，始建于明嘉靖九年（1530年），亦称"夕月坛"。每年秋分日，在此祭祀夜明（月亮）之神，从祀神为二十八宿、木火土金水五星、周天星辰。皇帝每三年亲祀一次，即按照干支排序，逢丑、辰、未、戌之年皇帝亲祀，其余之年派遣武官代为祭祀。坛内建有具服殿、神库、宰牲亭、神厨等附属建筑。

社稷坛（采自《唐土名胜图会》卷2）

社稷坛位于北京天安门西北方(今中山公园)，建于明永乐十八年（1420年）。社为地神，稷为谷神，社稷是国家及其权力的象征，祭祀社稷既是对土地、农植的崇拜，也是对统治权力的崇拜。坛的上面铺以采集自中华大地五方之五色土：中黄、东青、南赤、西白、北黑，以象征国家之疆土。坛中央原有一方形石柱，名"社主石"，表示江山永固。这也是五方五色文化观念在坛筑上的表现。由此可见，社稷坛具有亲地的文化意义。

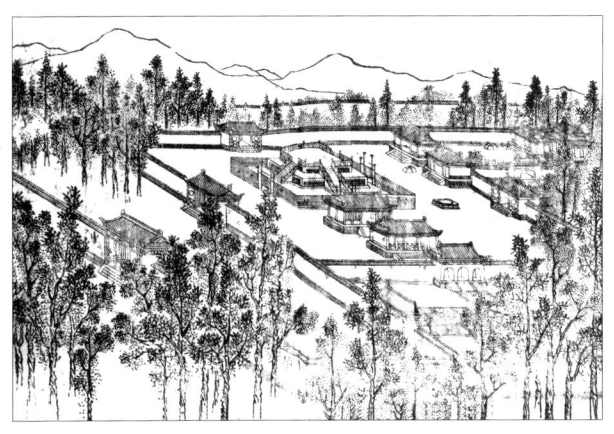

先蚕坛（采自《清会典图》卷14）

明清两代均建有先蚕坛。明嘉靖十年（1531年），"筑先蚕坛于西苑"，即今天北海南侧金鳌玉𬘩桥西南中南海内。清代先蚕坛为乾隆九年（1744年）建于西苑东北隅，即今天的北海后门东侧，是在明代雷霆洪应殿的旧址上修建的。依照古制，先蚕坛应建在北郊，但明清两代均由于郊外道远、祭祀不便，而将坛址改在皇苑之内。先蚕祭祀反映了古人生活对农桑生产的依重，所谓"农桑之业，衣食万人，不宜独缺，耕蚕之礼垂法万世，不宜偏废"。

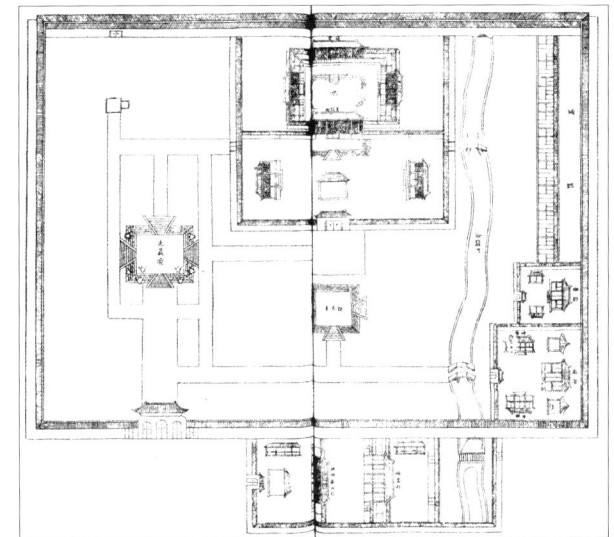

先农坛（采自《清会典图》卷12）

明永乐十八年（1420年），明成祖朱棣仿南京旧制，于京城正阳门西南新建的山川坛西南隅建先农坛，明清两代皇帝每年在此举行祭祀先农之礼。坛内辟耤田一方，即所谓"皇帝的一亩三分地"，供皇帝"亲耕"，"以劝率天下使务农也"。坛内另建有斋宫、具服殿、銮驾库、观耕台、神仓等附属建筑。皇帝亲耕之礼历史悠久，西周初年周成王即"亲耕耤田以劝农桑"。

太岁坛

太岁坛位于先农神坛东北，正殿称太岁殿，祭祀太岁神，东西配殿祭祀十二月将神。太岁祭祀，乃古代天文观测之产物，古人因木星十二年一周期的运行规律，将其称为"岁星"，奉为"十二辰之神"，亦称为"岁神"，并依据干支纪年设置六十甲子"值年太岁"，轮流掌管人间一年的祸福。清代，太岁祭祀列为中祀，每年正月遣官祭祀，祭祀时奏中和韶乐。

神祇坛

位于先农坛之南，明嘉靖十年（1531年）改山川坛为天神地祇坛，设天神、地祇二坛分列东西。东为天神坛，四座云纹石雕神龛坐北朝南，分祀云、雨、风、雷；西为地祇坛，五座石雕山水纹神龛面南背北，供奉五岳、五镇、五陵山、四海、四渎之神，东西两侧各有石雕神龛两座相对，分别供奉京畿名山大川之神和天下名山大川之神。现今地祇坛九座石雕神龛为2001年移于现址保护，中间建以花坛象征昔日祭坛。

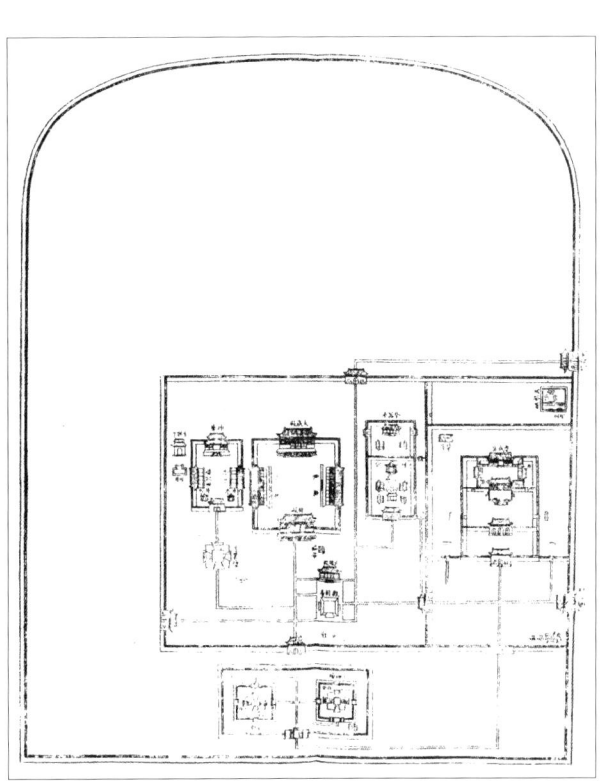

（2）八庙

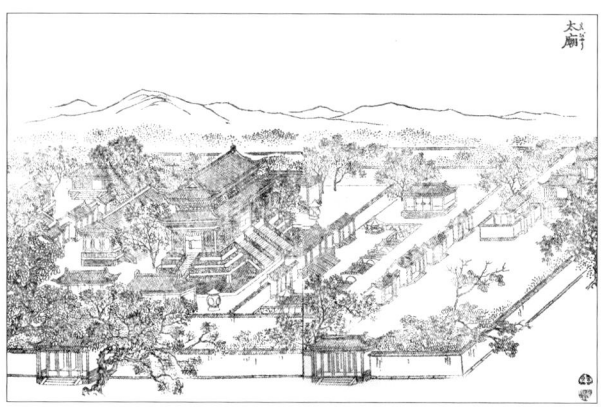

太庙（采自《唐土名胜图会》卷2）

太庙为明清两代皇家祖庙，始建于明代，依古代皇城建筑"左祖右社"规制建于天安门东北侧，清顺治年间重修，是我国现存最完整的、规模最宏大的皇家祭祖建筑群。中心建筑为享殿、寝殿、祧庙三大殿。建筑规格为古代建筑最高等级。

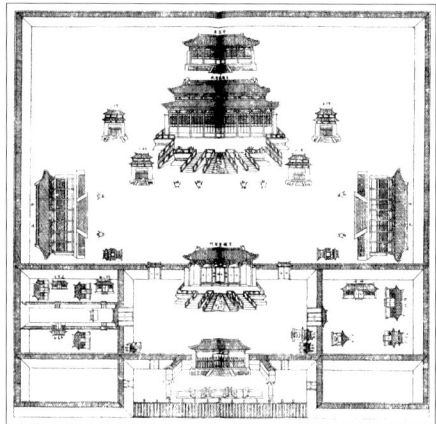

历代帝王庙（采自《清会典图》卷15）

历代帝王庙始建于明嘉靖十年（1531年），位于北京阜成门内大街131号，原址为保安寺。正殿为景德崇圣殿，重檐庑殿顶，黄琉璃瓦，九开间，规格仅次于故宫太和殿。这里供奉自三皇五帝至明代中国历史上"有功烈于民"的帝王，传承了中华民族祭祀文化中敬贤崇德的核心精神，是我国统一多民族国家发展进程一脉相承、连绵不断的历史见证，具有重要的历史文化价值，属全国重点文物保护单位。它是全国现存唯一一处保存完好的祭祀历代帝王的皇家庙宇。

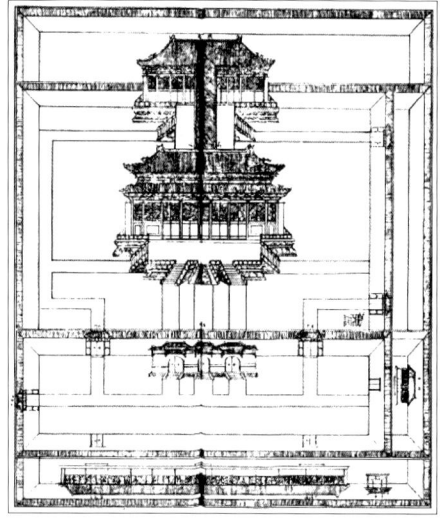

奉先殿（采自《清会典图》卷9）

奉先殿即内太庙，位于故宫乾清门广场东端景运门外，为明清皇室祭祀祖先的家庙。明洪武三年（1370年），朱元璋"以太庙时享，未足以展孝思，复建奉先殿于宫门内之东"。永乐年间，仿南京旧制建奉先殿于皇宫。清顺治十三年（1656年）重建，建筑形制为"工"字殿形式，前、后两重殿堂由中间的穿堂连为一体。殿内供奉已故帝后牌位，每年四季首月举行"时享"，"备三牲黍稷品物以祭"，每月初一"荐新"，向祖宗祭献新鲜时令食品，以尽人子之孝。

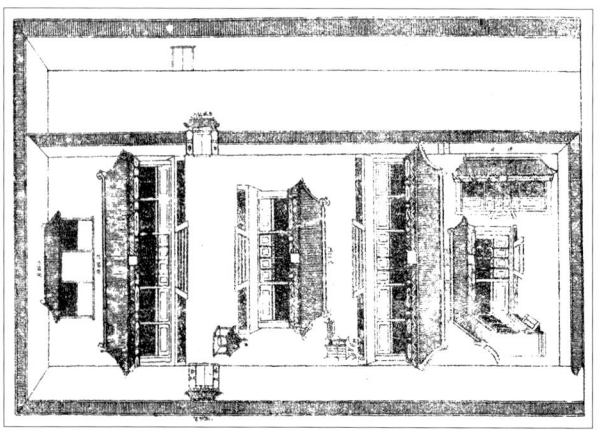

传心殿（采自《清会典图》卷15）

传心殿位于故宫东华门内文华殿东，是清代应经筵制度之需，于康熙二十四年（1685年）修建的祭祀场所，尊崇三皇五帝、周公、孔子，奉其为帝王之师，设神位于内，每逢举行经筵之前一日，皇帝亲诣传心殿行祗告礼，昭示崇儒重道、礼敬师尊，与帝王庙、先师庙祭祀相类。

先师庙（孔庙）（采自《清会典图》卷16）

北京孔庙位于安定门内成贤街路北，初建于元代大德十年（1306年），明永乐年间建新庙于故址，是皇帝举行祀孔典礼的地方。明清两代对孔子极为尊崇，孔庙多次翻盖修葺。乾隆二年（1737年），将大成殿及门更换为黄瓦，建筑规制升至最高等级。孔庙最具历史文化价值的是进士题名碑林，198通石碑上镌刻着元、明、清三代51624位进士的姓名、籍贯和名次。

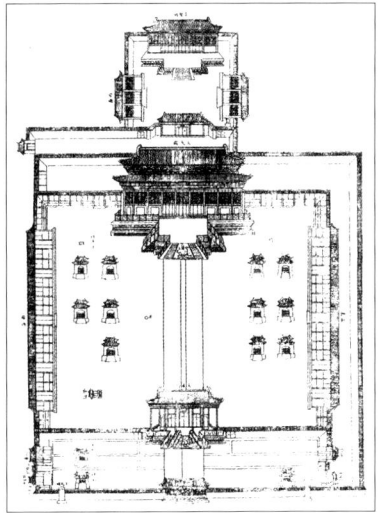

寿皇殿（采自《清会典图》卷9）

寿皇殿为供奉清代历朝皇帝皇后圣容的处所。有正殿、左右山殿、东西配殿，以及神厨、神库、碑亭、井亭等附属建筑。寿皇殿原建在景山之东北，乾隆十四年（1749年），皇帝以原殿址不合"阙宫之法度"，重建寿皇殿于皇城中轴线上景山正北面，乾隆亲撰《御制重建寿皇殿碑记》，并为寿皇门外三座牌楼亲笔题写匾额。

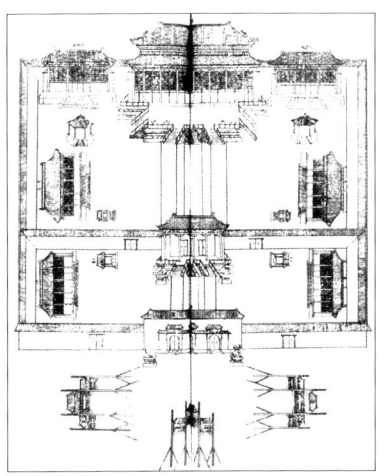

雍和宫（采自《乾隆京城全图》局部）

初建于清康熙三十三年（1694年），为康熙第四子雍亲王胤禛的府邸。雍正三年（1725年），把王府的一半改为行宫，另一半赐给喇嘛章嘉呼图克图，作为黄教的上院。乾隆九年（1744年），乾隆皇帝遵照其母之意，将雍和宫正式改为喇嘛庙，成了清政府管理喇嘛教事务的中心。雍和宫建筑规模宏伟，文物遗存丰富，其中白檀香木雕大佛为"雍和宫三绝"之一。

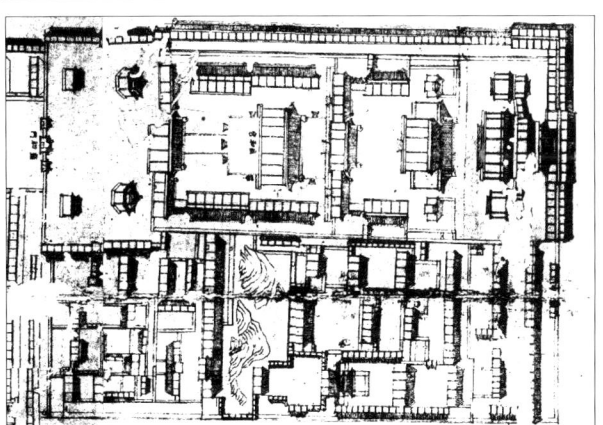

堂子（采自《清会典图》卷5）

清代举行满族传统祭天礼仪的建筑。顺治元年（1644年）始建于长安左门外，建有祭神殿、拜天圆殿、尚锡神亭等建筑。堂子祭祀内容丰富，最具民族特色的是立杆大祭神仪。每年于季春、季秋月朔日举行，殿南正中树神杆以为社主，神杆依"大社惟松、东社惟柏"之制，以松木制作，大祭前一日，立杆于亭式殿中间石上。乾隆十二年（1747年），皇帝命人编纂《满洲祭神祭天典礼》，把"堂子"祭祀加以系统化、规范化、制度化，"庶满洲享祀遗风，永远遵行不坠"。堂子祭祀建筑在八国联军入侵北京时被焚毁，现已无存。

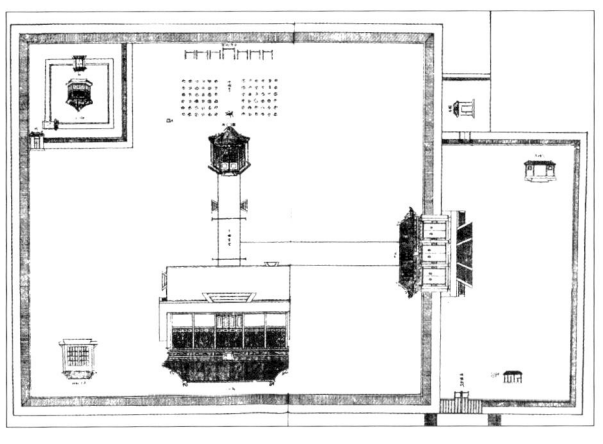

2.静穆的帝王陵寝

自春秋战国直至金代,北京地区建有各个时期不同等级的大型陵墓,而最高只有诸侯王墓。直到作为金代的陪都,金中都才建造了大规模的帝王陵寝建筑群,葬有金代17位皇帝以及后妃、诸王。但是,这些建筑都已遭到严重破坏,现在只存遗迹。

明代自太祖朱元璋扫灭群雄称帝南京,到李自成攻破北京城、崇祯帝朱由检自缢煤山止,先后历经16帝。除建文帝朱允炆没有陵墓外,其余15帝或生前或死后,都建有陵墓。加上洪武、嘉靖两朝营建的3座追尊帝陵,明代的皇帝陵共计18座。其中,永乐帝朱棣迁都北京后的14位皇帝中,除景泰帝葬在京西外,其余都葬在了京城以北的天寿山脚下。各陵依山而建,整体布局为前方后圆,形成了一个规模宏大、体系完备的皇家陵墓群,即"明十三陵"。

清朝是我国历史上最后一个封建王朝,入关前,皇帝陵寝建于关外,努尔哈赤的福陵、皇太极的昭陵以及清远祖的永陵,统称"清初三陵",陵寝建筑既有中国古代传统建筑的特点,又有独具特色的地方风格。

清朝入关后,分别在今河北省遵化市和易县,选择风水宝地修建了庞大的陵墓群。陵墓依山顺势而建,松林郁郁葱葱,山水怡然。由于两处陵区分处北京市东、西,故称"清东陵"和"清西陵"。

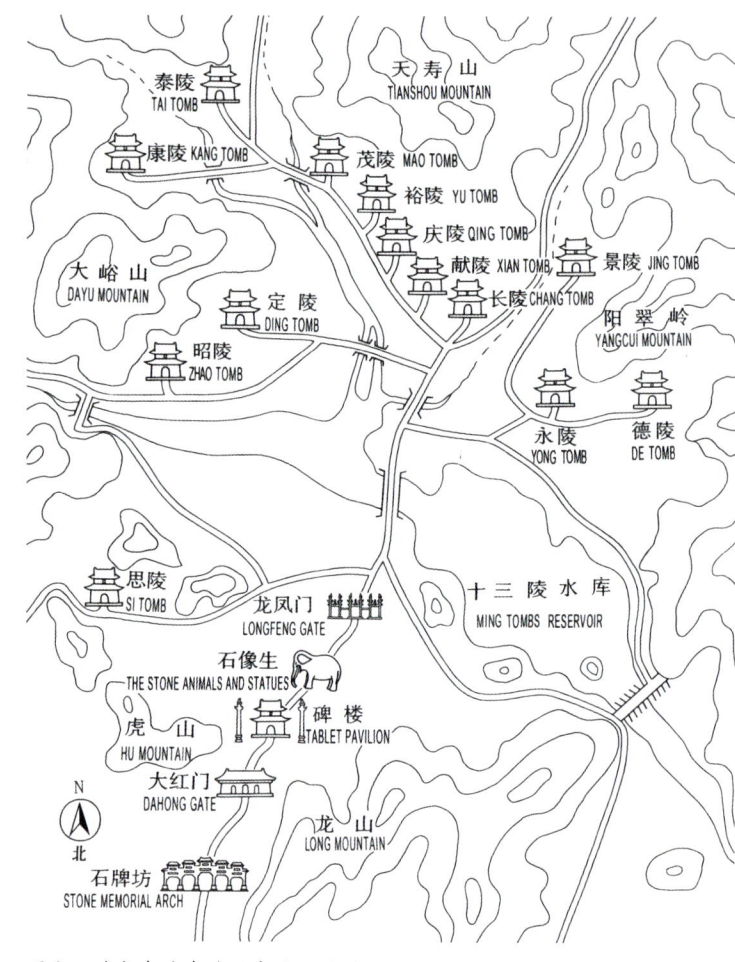

明十三陵各帝陵在陵区中的位置图

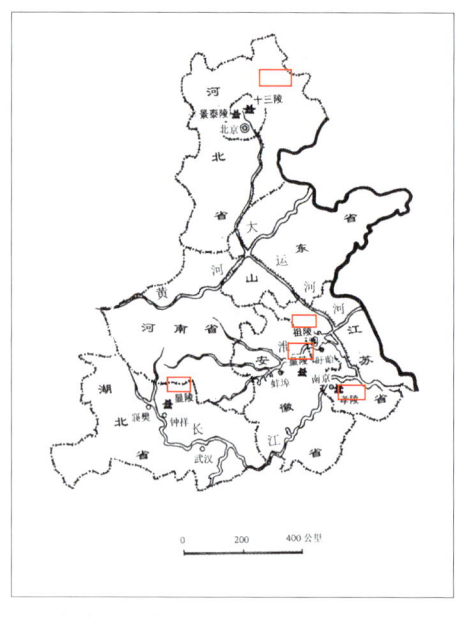

明代各帝陵分布图

(1)明早期帝王陵

江苏盱眙明祖陵:明太祖朱元璋三代祖考之陵

安徽凤阳明皇陵:明太祖朱元璋父母之陵

江苏南京明孝陵:明太祖朱元璋及皇后马氏之陵

北京明景泰帝陵:明代宗朱祁钰及皇后汪氏之陵

湖北钟祥明显陵:明世宗朱厚熜父母之陵

(2) 明十三陵

明献陵

明长陵

明永陵

明景陵

明长陵 坐落在天寿山主峰南麓，是明朝第三代皇帝成祖朱棣及皇后徐氏的合葬陵墓。陵宫建筑始建于永乐七年（1409年）五月，宣德二年（1427年）三月完成。此后，又陆续营建神道墓仪设施，陵寝规制逐渐完备。长陵是明十三陵中营建时间最早、规模最大、保存最为完好的一座陵墓。

明献陵 坐落在天寿山西峰下，是明朝第四代皇帝仁宗朱高炽及皇后张氏的合葬陵墓。陵宫建筑始建于洪熙元年（1425年）七月，正统八年（1443年）三月完成。

明景陵 坐落在天寿山东峰下，是明朝第五代皇帝宣宗朱瞻基及皇后孙氏的合葬陵墓。陵宫建筑始建于宣德十年（1435年）正月，天顺七年（1463年）三月完成。

明昭陵

明裕陵 坐落在天寿山西峰石门山南麓，是明朝第六代皇帝英宗朱祁镇及皇后钱氏、周氏的合葬陵墓。陵宫建筑始建于天顺八年（1464年）二月，六月完成。

明裕陵

明茂陵 坐落在天寿山聚宝山下，是明朝第八代皇帝宪宗朱见深及皇后王氏、纪氏和邵氏的合葬陵墓。陵宫建筑始建于成化二十三年（1487年）九月，弘治元年（1488年）四月完成。

明泰陵 坐落在天寿山笔架山下，是明朝第九代皇帝孝宗朱祐樘及皇后张氏的合葬陵墓。陵宫建筑始建于弘治十八年（1505年）六月，正德元年（1506年）三月完成。

明定陵

明康陵 坐落在天寿山莲花山下，是明朝第十代皇帝武宗朱厚照及皇后夏氏的合葬陵墓。陵宫建筑始建于正德十六年（1521年）四月，嘉靖元年（1522年）六月完成。

明茂陵

明永陵 坐落在天寿山阳翠岭下，是明朝第十一代皇帝世宗朱厚熜及皇后陈氏、方氏、杜氏的合葬陵墓。陵宫建筑始建于嘉靖十五年（1536年）四月，二十二年（1543年）二月完成。

明庆陵

明昭陵 坐落在天寿山大峪山东麓，是明朝第十二代皇帝穆宗朱载垕及皇后李氏、陈氏和李氏的合葬陵墓。昭陵地下玄宫建于嘉靖十七年（1538年），原系世宗嘉靖皇帝为其父母所建，后搁置不用。34年后，即隆庆六年（1572年）穆宗皇帝去世，因生前未建寿宫，遂"祖陵孙用"。1年后，地面建筑完工。

明定陵 坐落在天寿山大峪山东麓，是明朝第十三位皇帝神宗朱翊钧及两位王氏皇后的合葬陵墓。陵宫建筑始建于万历十二年（1584年）十一月，十八年（1590年）六月完成。

明德陵

明庆陵 坐落在天寿山黄山寺二岭南麓，是明朝第十四位皇帝光宗朱常洛及皇后郭氏、王氏和刘氏的合葬陵墓。陵宫建筑始建于天启元年（1621年）三月，六年（1626年）六月完成。

明康陵

明德陵 坐落在天寿山潭峪岭西麓，是明朝第十五位皇帝熹宗朱由校及皇后张氏的合葬陵墓。陵宫建筑始建于天启七年（1627年）九月，崇祯五年（1632年）完成，它是明朝营建的最后一座帝陵。

明思陵 坐落在天寿山鹿马山南麓，是明朝最后一位皇帝崇祯帝朱由检及皇后周氏、皇贵妃田氏的合葬陵墓。思陵原系妃子坟，崇祯十七年（1644年）李自成攻入北京，崇祯帝自缢煤山，因生前没有建陵，遂与皇后一同葬入田贵妃坟中。顺治年间将田贵妃坟园改为思陵，陵寝规制大体完备。

明思陵

（3）清初三陵

"清初三陵"，指的是辽宁省新宾县的永陵、沈阳市东郊的福陵和北郊的昭陵。

清代皇陵位置图（采自中国第一历史档案馆编《清代陵寝》）

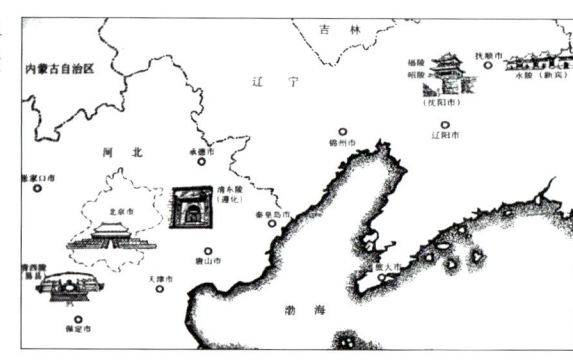

清永陵位于辽宁省新宾县启运山下，内葬清朝被追尊为皇帝的四位祖先，即肇祖、兴祖、景祖和显祖，始建年代不详。

左：清福陵是清太祖努尔哈赤的陵，位于沈阳市东郊，始建于天聪三年（1629年），后经多次改建和扩建。

右：清昭陵是清太宗皇太极的陵，位于沈阳北郊，始建于崇德八年（1643年）八月。后经多次改建和扩建，是清初三陵中规模最大的。

（4）清东陵

左：清孝陵是顺治帝的陵，始建于康熙二年（1663年）二月，孝康皇后、孝献皇后合葬，是清东陵的首陵，也是清陵中规模最大的。

右：清东陵各陵位置示意图（采自徐广源著《清皇陵地宫亲探记》）

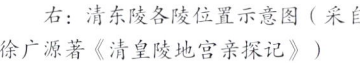

左：清景陵是康熙帝的陵，始建于康熙十五年（1676年）二月，完工于康熙二十年（1681年），四位皇后和一位皇贵妃合葬。

右：清定陵是咸丰帝的陵，始建于咸丰九年（1859年）四月，完工于同治四年（1865年），孝德皇后合葬。

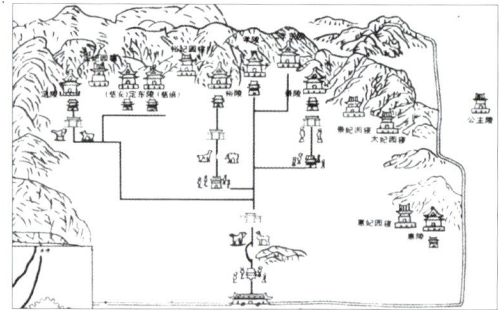

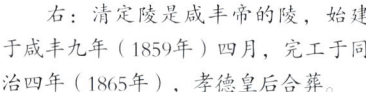

左：清裕陵是乾隆帝的陵，始建于乾隆八年（1743年）二月，完工于乾隆十七年（1752年），二后三皇贵妃合葬。

右：清惠陵是同治帝的陵，始建于光绪元年（1875年）八月，完工于光绪四年（1878年），孝哲皇后合葬。

左：清昭西陵是孝庄皇后的陵，始建于雍正三年（1725年），由原来的暂安奉殿改建而成。

右：清定东陵包括慈安陵和慈禧陵，始建于同治十二年（1873年）八月，完工于光绪五年（1879年）六月。

（5）清西陵

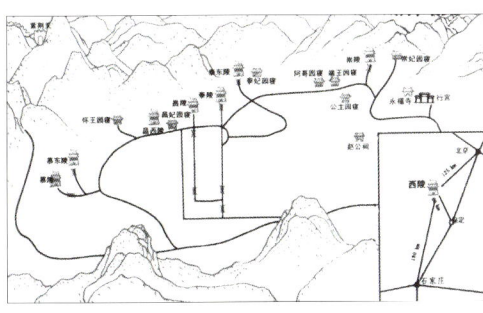

左：清西陵各陵位置示意图（采自徐广源著《清皇陵地宫亲探记》）

右：泰东陵是乾隆帝生母孝圣皇后的陵，始建于乾隆二年（1737年），完工日期待考。

左：清泰陵是雍正帝的陵，始建于雍正八年（1730年）八月，完工于乾隆元年（1736年）九月，一后一皇贵妃合葬，是清西陵的首陵。

右：清昌西陵是嘉庆帝的皇后孝和皇后的陵，始建于咸丰元年（1851年）二月，完工于咸丰二年（1852年）八月。

左：清昌陵是嘉庆帝的陵，始建于嘉庆四年（1799年）二月，完工于嘉庆八年（1803年），孝淑皇后合葬。

右：清慕东陵是道光帝的皇后孝静皇后的陵，始建于道光十一年（1831年），由原来的妃园寝升格改建而成。

左：清慕陵是道光帝的陵，始建于道光十一年（1831年）十一月，完工于道光十五年（1835年）八月，三位皇后合葬。

右：清崇陵是光绪帝的陵，始建于宣统元年（1909年）闰二月，完工于1915年，孝定皇后合葬。

(二)扫描天宫地宫的形制沿革

中国古代祭祀文化,从远古时期的原始宗教到封建社会顶峰时期的明清国家祭祀礼仪,从红山文化时期的祭坛到北京的"九坛八庙",始终贯穿着中华民族"人与天地万物为一体"的主导理念。

原始宗教质朴的自然崇拜、祖先崇拜以及图腾崇拜,揭示了远古先民对于人与自然相互关系的认识。最初的祭祀建筑虽然简陋却具有丰富的文化内涵。西周的礼仪制度对后世影响尤为重要,历代王朝都把"尊天敬祖"的礼制建设作为执政安国的首要大事,坐稳江山便大兴土木建坛修庙,以备郊祭天地、宗庙奉祖、祠庙事神之用。因其为古人与天对越、与神交流之所,所以,我们把这类建筑视为天宫。

坛庙的文化起因,一般可归为天地崇拜与祖先崇拜。坛,为祭祀天地神灵一类的建筑物,其拜祭对象有天地、日月、星辰、山川、土地以及农谷、水旱灾变之神等,属自然崇拜。祖庙又称宗庙,是祭拜祖宗神的庙宇,渗透着强烈的政治、伦理色彩。明堂、辟雍,均为祭祀类礼仪性建筑,始于商周。

在中国历史上,汉代至唐宋是古代祭祀制度发展的重要时期:即从最初摆脱春秋战国时期"礼崩乐坏"局面,以至摆脱秦汉之际杂祀盛行的无序状态,直到唐代建立起系统的封建国家祭祀礼仪制度,其间经历了曲折的发展演变过程。

陵寝是指中国帝王的陵墓,是墓葬文化的一种建筑门类,其建筑分地下和地上两部分,我们把地下部分这类陵寝建筑统称为地宫。

据考古发现,新石器时代已有坟墓的建筑类型,殷周的墓葬没有坟丘。中原地区出现坟丘式墓葬约在孔子时代,到战国普遍流行坟丘式墓葬。陵寝制度始于秦代,秦始皇的陵有巨大的坟丘。

汉代继承秦代陵寝制度并且有所发展,西汉首创用"黄肠题凑"即柏木黄芯建椁室的墓葬形式,东汉的帝陵改用"黄肠石"即用条石砌建椁室。在陵前建神道起于西汉,并开创在神道两侧建置石像生的先例。

到唐代,陵寝制度又进一步发展,盛行"因山为陵"的制度,而唐代这种"下宫"与地上陵寝建筑的结合形式,使得上陵崇拜祭祀典礼更加庄重。宋代陵寝制度大体承袭唐风。元代沿用蒙古族平地深埋的墓葬方式,地面上没有建筑。

明清时期的礼制建筑,得益于封建统治者对国家礼仪制度的高度重视,达到了中国封建社会发展的顶峰。明清两代在立朝初期,为巩固封建统治地位,通过一系列政策和措施促进了经济、文化的发展,换来了社会相对稳定、经济日益繁荣的大好局面。良好的社会环境和经济基础为封建礼仪制度的发展完善提供了有利条件,作为封建礼制文化载体的坛庙陵寝建筑,相应地也得到迅速发展。两代坛庙陵寝建筑几次大规模的兴建、修缮工程,都与当时的统治者加强封建礼仪制度建设的政治举措有关。

扫描天宫地宫的形制沿革

文化北京图卷

坛庙与陵寝

回眸坛庙与陵寝的演化历程

秦始皇兵马俑

1. 人与天地万物为一体

我国古代先民在与自然界交往的实践中，把天地万物看作是同样具有思想意志的生命体，形成"人与天地万物为一体"的理念，并通过具有象征性的祭祀建筑和祭祀形式表现出来。红山文化时期的遗址中，将具有象征意义的祭坛、神庙、积石冢建在一处，印证了天地日月的自然崇拜、对人的祖先崇拜和生殖图腾崇拜曾经融为一体。商代小双桥遗址中既有祭祀祖先的宗庙，又有高达12米的祭坛，以及燔柴祭天和瘗埋祭地的遗迹。

"人与天地万物为一体"的观念在古代丧葬文化中也得到充分体现。古人认为人和天地万物一样源于自然，是阴阳结合的产物，人就是形魄与灵魂即阴与阳结合的生命体，当生命失去时，标志着阴与阳、魄与魂的分离。人源于自然，当然要回归自然，因此"魂气归于天，形魄归于地"（《礼记·郊特牲》）。建坟墓葬埋亲人遗体以为归宿，入土为安；建宗庙敬祀逝者魂灵以求庇护，在天为神。这种观念在许多少数民族的丧葬习俗中也有体现，如藏族的天葬、彝族的水葬等，都反映了人源于自然、回归自然的思想理念。

中国的原始宗教在其发展过程中并没有像世界其他民族与国家那样发展演化成为真正意义上的神学宗教，自西周初期周公制礼，到春秋时期儒家学说的产生，上古原生的宗教信仰，被"礼"消融成为自己的有机组成部分。

"人与天地万物为一体"的思想逐渐升华为"天人合一"的哲学理念，以此确立坛庙祭祀的对象：天地、祖先、圣贤，以期"为天地立心，为生民立命，为往圣继绝学，为万世开太平"。

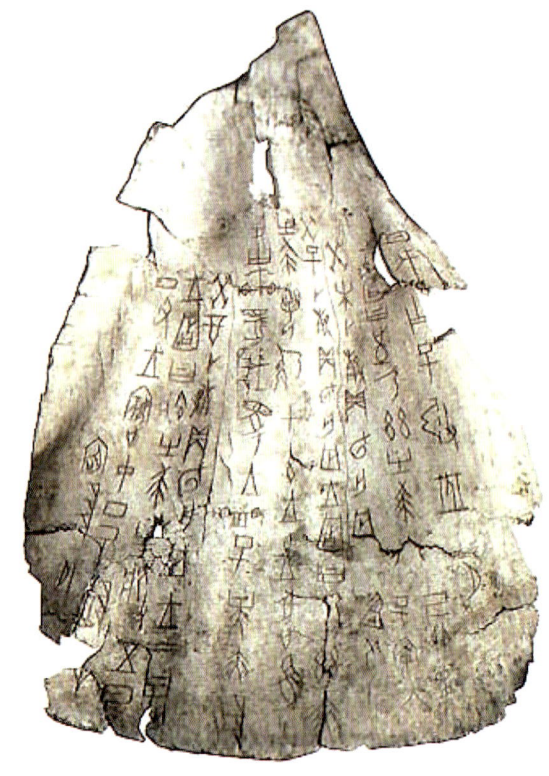

祭祀狩猎涂朱牛骨刻辞

商代武丁时期的作品，刻于一块牛胛骨上。骨板长32.2厘米，宽19.8厘米，正背两面均有刻辞。正面四条，100余字，背面两条，一条残缺，50余字，共160余字，字内填朱。

甲骨正面第一条记载商王武丁宾祭仲丁；第二条记狩猎时子□堕车；第三条记子□死；第四条记子寅用羌人十举行宜祭。背面记载天象情况。这片刻辞保存完整，对研究商代社会历史和天文气象价值甚高。

红山遗址

中国已发现的最早用于祭天的祭坛，是位于辽宁省喀左县大凌河西北岸东山嘴的红山文化时期的祭坛遗址。祭坛的主体建筑有方、圆二坛，圆坛在前，方坛在后，以代表"天圆地方"。方坛用灰色石块镶框，表示混浊的大地，圆坛以白石镶边，象征晴朗光明的天，圆圈内铺光圆的鹅卵石，表示天上有列星聚会。它以实物形态证实了中国古代祭天文化的悠久历史。

泰山摩崖碑

泰山是古代帝王以"封禅"礼仪祭祀天地之处，史籍称："此泰山上筑土为坛以祭天，报天之功，故曰封，此泰山下小山上除地，报地之功，故曰禅。"古人认为天以高为尊，地以厚为德，封土于泰山，增泰山之高可以报天，厚梁父（亦称梁甫）之阶可以报地。

封禅在泰山举行，还有一个原因是泰山为东岳，古人认为东方主生，是万物之始、阴阳交替的地方，因此在这里祭祀天地最为适宜；也有说是因为古代传说泰山上有金箧玉策，能知人寿命，可以升仙，因此给予特别的重视；史学家根据考古成果研究分析，被古人称为昆仑山的就是泰山。崇拜太阳的黄帝族就起源于今天的泰山地区，他们把泰山看作本族的神山，并且在山上祭祀太阳神，因为泰山上能最早迎接日出。以后由祭日演变为祭天，逐渐形成在泰山封禅祭祀天地的礼俗，为后代帝王所遵循。

天亡簋

西周初期著名青铜器。又称"大丰簋"或"朕簋"。清代道光年间出土于陕西岐山。四耳作兽首形，有珥，方座，腹及方座皆饰卷体夔龙纹。造型庄重，装饰华丽，制作精致。

腹内壁有铭文八行七十八字，内底铸铭文七十八字，记述乙亥这天，武王举行重大祭典，祭告文王和上帝，由于文王的佑助，终于灭商。铭文记载的这次祭典颇具"开国大典"的意义，具有极高的史料价值。对于祭典的地址——"天室"，目前主要有两种解释：一说指宗周辟雍内的明堂；一说指"天室山"，即今河南登封境内的嵩山。

2. 祭祀与墓葬制度的完善与成熟

西汉初年，战后恢复经济是国家治理第一要务，祭祀建筑也只是延续秦代祭"四畤"的传统，以"畤"为祭坛。汉武帝时实行天地分祭制度，标志着祭祀体系由汉初"多神崇拜"转为"五帝专一"为唯一至上神，反映了汉王朝建立一种新的与中央集权政治格局相适应的祭祀体系的迫切需求。

西汉末年，汉平帝建圜丘郊祀天地，建明堂、辟雍于"国之阳"。东汉时期祭天的圜丘"圆坛八陛，中又为重坛"，已基本具备了周礼祭天圜丘的建筑规制；将祭孔祀典正式列入国家祀典，为此后的封建王朝构建了国家祭祀制度的初步框架。

唐代是中国古代祭祀文化发展的又一个高峰期，尤其是开元之治，不仅创造了璀璨的盛唐文化，而且把封建国家礼仪制度的发展推向一个新的高峰，制定了国家祀典《开元礼》。唐代的祭祀建筑因礼制的完备有了长足的发展。

汉唐以来，中国古代皇家陵寝制度也进入高度发展时期，皇家陵寝各有特色。汉代陵墓外形呈方形，名为"方上"，这与秦汉时以方形为贵有关。当时认为，帝王是大地的主宰，按天圆地方之说，所以取方形。陕西临潼的秦始皇陵和西安西郊的西汉陵都属于"方上"。

汉代是中国历史上厚葬之风最盛行的时期，这不仅体现在奢侈丰盛的随葬品上，而且体现在独具特色的绚丽多彩的墓室壁画上。

唐代帝陵多"因山为陵"。以山为陵，是唐太宗李世民的首创。唐太宗借助自然山川营造自己陵寝，其睥睨天下的气势，连秦始皇陵如此巨大的方上亦难比拟。

北宋的陵寝制度虽然沿袭唐代，陵墓采用"方上"形式，陵园布局和唐陵一样分上宫和下宫，但是宋代陵寝的修建没有继承汉唐预先营建的制度，而是在皇帝死后才开始建造，并且规定建陵工程必须在七个月内完成。因此，宋代的陵园规模远不如唐代帝王陵寝规模宏大。

秦始皇陵

武则天明堂万象神宫遗址

徐州狮子山楚王（西汉）陵发掘现场

《伏羲女娲图》绢画

这种图像在吐鲁番地区古墓中多有发现，一般出自夫妻合葬墓，在墓室中画面朝下，用木钉固定在墓顶上，少数则折叠包好放在死者身旁。

此画构图奇特，寓意深刻，富于艺术魅力和神秘色彩。画中彩绘伏羲女娲，以手搭肩相依，蛇尾相交。左侧的伏羲左手执矩与墨斗；右侧的女娲右手执规。二人穿圆领宽袖花衣，共穿云纹裙。两人头上悬着太阳，蛇尾之下栖着月亮，四周绘满了象征星辰的圆点和大小不一的各式星宿。

伏羲女娲是我国古代传说中的天神和人类的始祖，女娲执规以象征天，伏羲执矩以象征地，配以画面上的日月星辰，并悬挂于墓室顶部，将整个墓室营造为一个小宇宙。后人希望借此使墓主人处于顺应天地物性的状态中，使其灵魂通于神明，不受邪恶势力干扰，顺利地升居祥和的天界或仙境，并庇荫子孙兴隆。

长沙马王堆汉墓T形帛画

在古人的传统观念中，宇宙划分为三界——天国、人间、冥界。世间之人死去，其灵魂飞腾成仙升入天国，其躯壳则埋入地下进入了另一个世界。长沙马王堆汉墓出土的T形帛画中生动地描画了这一景象：人首蛇身的蛟龙、日、月、金乌、宝蟾，以及把守天国之门的仙人，体现了天国的神圣与威严；人间部分描绘了墓主人生前高贵的显赫地位；地下部分则描画了神话中的鳌鱼和异兽在守卫死者的灵魂。这既是古人对死亡现象的一种臆想，也是天人合一理念的体现，现实生活中人们为逝去的亲人建庙祭祀——"慎终追远"；筑陵为逝者在另一个世界创建一个居所——"事死如事生"。

曾侯乙漆衣箱

楚人在天文历法方面，积累了相当丰富的知识。西周至春秋时期，楚国既使用周正历法，也使用夏正历法，这在春秋战国各国中是独创。

这件衣箱通体彩绘，器盖画面中央是篆书的"斗"字，表示星空枢纽的北斗，四周顺序书写着二十八宿的名称，与文献所见的二十八宿之名基本相同。二十八宿名的东侧绘有一龙（天蝎），西侧绘有一虎（天狼），漆箱盖的三个侧立面各绘一幅星图，内容与箱盖的主图配合，共同构成星图的体系，为我国迄今发现记有二十八宿全部名称，并与北斗、四象相配的最早的天文实物资料，说明我国至少在战国早期就已形成二十八宿体系。它也证明中国是世界上最早创立二十八宿体系的国家之一。

曾侯乙漆棺内棺漆画

此图像出自湖北曾侯乙墓漆棺内棺东侧壁板左半下部花纹。画面中有四位右手执双戈戟的戴面具的巫师。其中两巫师的双手作鸟翼状，身有鳞，下身有鱼尾。此外，它们戴着的尖角巨耳的面具，可以认为是珥蛇的一种变形。这两位具有鱼鸟双重特征且有珥蛇的神，有可能是《山海经》中描述的海神兼风神。湖北多水，水神及其龙蛇家族扮演镇墓护主的角色实在最恰当不过。因此，在墓穴与棺椁上绘画水神、龙蛇禽鸟家族以及戴面具的巫师，同样都是为了辟邪避水禳灾，保护死者。

翼马（唐乾陵）

乾陵是唐代至今保存石雕最多、最完整的帝陵之一，石雕的精美雄放也是唐代帝陵中首屈一指的。

翼马又称天马式飞龙马，这一新的题材始创于乾陵。翼马的整体造型气势雄浑，明确的轮廓和坚实的体积使它在旷野之中格外威武雄健。马头较小，身躯肥健，在具象形体上雕有想象的双翼。这种手法与南朝陵墓石兽的处理有渊源关系。此马颈项鬃毛和二肩双翼为装饰处理，双翼作卷云纹，以示腾云驾雾之意。

蹲狮（唐桥陵）

狮子在唐陵中大受重用，多为蹲坐式，形体硕伟，制作精美，整体造型及其细部采用具象写实、夸张和装饰相结合的表现手法，开口利牙的威武神态，使初唐盛世特有的雄浑作风发挥无遗。

神道上的石人（唐乾陵）

唐太宗在帝陵建造中，废"积土为坟"而令"凿山为陵"，至唐高宗李治建乾陵时，总体规划已逐步完善，陵前的仪卫雕刻走向成熟。

扫描天宫地宫的形制沿革

坛庙与陵寝

回眸坛庙与陵寝的演化历程

昭陵六骏之一"飒露紫"（唐昭陵）

唐太宗昭陵是唐代帝王以真山为坟的首创。昭陵六骏为置于北阙左右的石刻浮雕，是最能代表唐代石刻水平与风貌的纪念碑式雕刻。"飒露紫"是李世民的坐骑，在战斗中前胸中箭，多亏丘行恭将军赶来相救才得以脱险。这幅浮雕刻画了丘行恭为马拔箭的形象。

天鹿（唐顺陵）

天鹿形象奇伟，头似鹿，顶生角，肩有双翼，足似马蹄，尾长大，在造型上具有雄伟的气概，与六朝的翼兽相比，其时代特色鲜明。

雄狮（唐武则天之母杨氏顺陵）

顺陵的石雕制作艺术水平很能代表唐代风格。这是神道上的雄性走狮。整体团块造型，硕大的头部呈方形，眼睛、鼻子和嘴都呈方正中直，颈项连着躯干，使头与躯体统一在一个大的形体之中，胸部肌肉坚实，四肢异常粗壮巨大，像一座山巍然屹立。在它身上体现出强大的力感和量感。

扫描天宫地宫的形制沿革

石狮（宋永定陵）

宋陵各陵园及下宫南门各设石狮一对，现存帝、后、亲王和下宫门狮95对。石狮形态各异，造型逼真。此狮为最精美的石狮之一。张口怒目，昂首卷鬣，气势雄健浑实，象征着宋皇权的威严和宋陵神圣不可侵犯的气势。

石雕（宋永定陵神路）

北宋陵制取法唐陵而有所变化。帝陵地面上建有宫殿和庙宇，建筑前置圆雕人物和动物石刻组群，形成纵横数十里的巨大陵区，开明清两代陵区设计之先河。每个帝陵神路上各有望柱一对、石象一对、驯象人一对、瑞禽一对、角端一对、石马两对、控马官四对、石虎两对、石羊两对、外国客使三对、武臣两对、文臣两对、走狮一对、镇陵将军一对、上马石一对、内侍一对、宫人一对，分别立于神路两侧。这充分体现了帝王的神圣、威严、吉祥和牢固的统治。

石雕马与控马官（宋永定陵神路上）

石雕的控马官，头戴幞头，手执马鞭作驯马状，身着袍，腰系带。马与控马官均采用圆雕与线刻结合的手法，雕饰华丽。马的造型较粗壮，雕有鞍、鞯、镫、缰、铃铛和带饰，马背鞍饰齐备。

扫描天宫地宫的形制沿革

文化北京图卷 坛庙与陵寝 回眸坛庙与陵寝的演化历程

陵寝地宫龙纹石椁东壁（金太祖）

金太祖完颜阿骨打睿陵，是一座竖穴石坑墓，墓坑内有汉白玉雕龙纹石椁和凤纹石椁各一具。龙纹石椁仅保留椁盖和东侧挡板，雕刻有团龙流云纹。该墓发掘的龙凤纹石椁为国内首次发现，应为皇室专用。墓坑位于整个金陵遗址的中轴线上。

金陵遗址全貌

金陵是女真族建立的金代陵墓群，位于北京市房山区大房山脚下，方圆60平方公里。包括从东北迁葬的始祖以下十代帝王陵以及太祖陵、太宗陵和葬于金中都的五代帝王陵，共17座陵墓。

金陵御道龙纹栏板

金陵御道牡丹纹栏板

3.天宫地宫的巅峰时代

明太祖朱元璋修订《大明集礼》，编纂了礼仪典章制度15部。在祭祀礼仪方面，确立了正统的国家祭祀礼仪制度。在坛庙建筑规制上，效法宋代"筑斋宫于圜丘侧"，建神乐观作为培训乐舞生、演练祭祀乐舞专用场所，为北京天坛建成完备的大型祭天建筑群奠定了基础。太庙之外另在宫中建家庙也是朱元璋的创举，永乐皇帝迁都北京，亦在景山北侧建了寿皇殿，作为家庙。

明代中期，嘉靖皇帝改革郊祀大礼，肇建天、地、日、月四坛；恢复"祈谷"、"大雩"之祭，祭天之仪一年四次；罢二祖并配，改革宗庙之制；易至圣先师之号，更定孔子祀典；筑先蚕坛，恢复皇后亲蚕礼；建帝王庙，崇祀华夏圣帝明君。从此，奠定了北京坛庙建筑的完整格局，并一直沿续到清代。

在皇家陵寝制度上，以营建明孝陵、明祖陵和明皇陵（中都皇陵）为标志，开创了皇家陵寝建筑的新风格，进入一个新的辉煌时期。

"康乾盛世"政局安定，国力雄厚，乾隆年间进行了大规模礼制建筑的工程建设，这是坛庙陵寝建筑发展的高峰期。自乾隆八年（1743年）修缮南北郊坛斋宫起，直到乾隆五十年（1785年）重建祈谷坛配殿，前后四十余年，改筑圜丘，修建先蚕坛，先农坛内增建神仓、观耕台，改建社稷坛，修缮工程几乎遍布"九坛八庙"。

乾隆时期在皇帝陵寝的建造上是清代陵寝建筑文化发展的里程碑时期。乾隆帝将佛教文化元素融入陵寝建筑，把题材丰富、雕刻精美的经文佛像雕刻搬进裕陵地宫，被誉为地下佛堂和地下石雕艺术宝库，为传统的地下玄宫赋予新的文化内涵。乾隆帝在陵寝规制的改革上还有许多新举措，如确立了佛楼制度、昭穆相建制度。

乾隆帝在位期间除了为自己修建寿陵、维修本朝皇陵外，对明代皇陵也进行了修缮。乾隆五十至五十二年（1785～1787年），对北京的明十三陵进行过一次规模较大的修缮，共耗费白银二十八万六千余两。唯一遗憾的是修葺时并非全遵旧制，致使一些建筑在形制或结构方面发生了改变，未能保全原貌。

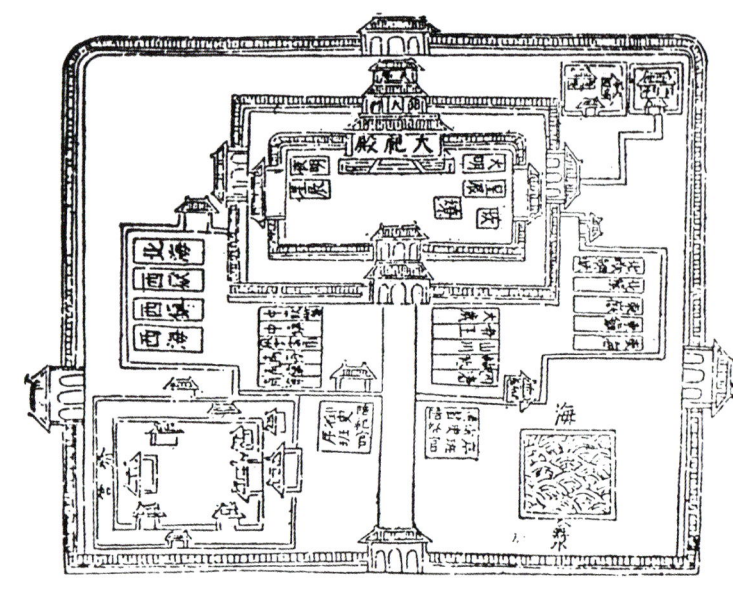

大祀殿（采自万历《明会典》卷81）

明永乐十八年（1420年）建，为明初皇帝合祀天地的方，又名天地坛。《清会典事例》记载："大祀殿制十二楹，中四楹饰以金，余施三彩，正中作石台，设上帝皇祇神座于其上。其后有天库六楹，左右配殿各十六楹，分为两排，前庑九楹，后庑七楹，两庑皆有廊与大祀殿及大祀门联通。"大祀殿是明朝迁都后最早的祭祀建筑之一。

圜丘示意图

明嘉靖九年（1530年）依周礼天子祭天礼制创建圜丘，坛面为蓝色琉璃。此后的历代皇帝专用此坛祭祀上天。

扫描天宫地宫的形制沿革

文化北京图卷 | 坛庙与陵寝 | 回眸坛庙与陵寝的演化历程

清东陵裕陵地宫雕刻着精美的经文和佛教图案的穿堂券

寿皇殿

　　清朝各帝后圣容供在这里,并有乾隆帝写的碑文。

二、赏析坛庙与陵寝的建筑景观

明清两代坛庙建筑和皇家陵寝建筑是中国古代社会制度与封建思想的产物，同时也是中国古代祭祀文化和丧葬文化发展进程的标志物，具有丰厚的历史文化价值。

中国坛庙文化的起因，一般为天地崇拜与祖先崇拜。坛，为祭祀天地神灵一类的建筑物，其崇拜的对象有天地、日月、星辰、山川、土地及农谷、水旱灾变之神，属自然崇拜。庙，则是祭拜祖宗神的庙宇，属人物神的崇拜，如太庙、历代帝王庙和诸神化了的历史人物的庙，如孔庙等。

坛庙是祭祀类带有礼制性的建筑，要求其建筑在空间安排、造型与色彩等方面能够激起崇拜感。为了突出坛庙建筑形象的神圣、庄严，其空间的造型，无论平面或立面，经常采用中轴对称手法。并且通过建筑符号"语汇"的象征，体现这些礼制建筑丰富、深厚的精神文化意味。如天坛圜丘以阳数、奇数九与九的倍数象征重天，社稷坛用五方五色的观念象征社稷大地。

所谓陵寝，指中国帝王的陵墓，是属于墓葬文化的一种建筑门类。帝王之权威冠于天下，故陵寝建筑文化之繁荣也是世所罕见。帝王陵寝包括宏大的陵园建筑和坚固、豪华的地下宫殿，陵园除主要标志封土上方的宝城、明楼之外，还在陵前建有一大片陵园建筑和神道"石像生"仪仗设施。地宫是陵寝重要的建筑部分，为埋葬帝王尸骨和殉葬大量珍贵物品之所，是秘密的地下宫殿。其结构装饰豪华，堪与帝王的人间宫殿媲美。

中国古代建筑十分讲究风水学说，强调人与自然融为一体的和谐关系，运用象征性思维，把天地山川的自然属性与人的精神、人伦道德及社会秩序融合在一起。历代皇家陵寝都更加重视选择陵穴，依山傍水，借自然之地势地貌，增加皇家之气魄，以图皇权永固。祭祀地址与时间的选择，也遵循着"天人之际，合而为一"的哲学理念。

宫殿式的陵寝建筑掩映于山环水抱之中，将山川形胜纳于陵园景观之内，人文建筑与自然风光相互映衬，构成一幅幅建筑艺术与环境美学相结合的精美画卷。

本篇通过赏析"有限空间遐想无限宇宙"、"风行水动营造阴阳乾坤"、"阴阳神道连通融合天地"，来反映天宫与地宫精湛的设计理念，通过"天宫无尚崇高"、"地宫玄奥浩大"来反映天宫与地宫恢宏的建筑气概，通过精美石雕的艺术分析和豪华庄严的木雕、彩绘等装饰构件的艺术剖析，了解天宫与地宫的艺术真谛。让我们通过一幅幅画面，在坛庙和陵寝这巨大的博物馆中遨游。

天坛祈年殿

（一）解读天宫地宫精湛的设计理念

封建帝王对风水之说、堪舆之术极为重视。风水的起源可追溯到三千年前的西周，当时已有"卜宅"、"相宅"之说，史籍中有详细记载，"相地建城"为后世历朝历代效法。公元前514年，伍子胥奉吴王阖闾之命，"相土尝水，象天法地"，构筑大城，即今天的苏州城。明代永乐皇帝迁都北京，也曾派人到北京查勘风水，为迁都提供依据、制造舆论。

封建帝王对风水的重视也体现在皇陵的选址与营建上。秦始皇陵背靠骊山，崇山峻岭连亘如一道屏障；汉高祖陵，前有渭水川流不息，后依九嵕山巍峨壮观，居高临下，显示着封建帝王高高在上的尊严；位于陕西关中地区的唐代18座皇陵，有15座是"因山为陵"，气势恢弘；宋代的皇家陵寝虽然选在远离京师、山水秀丽的巩义市，是被风水家视为"山高水来"的吉祥之地，陵寝的建造却一反常态，皇陵面朝嵩山而背靠洛水，各陵地形南高北低，置陵台于地势最低处，这是因宋代信奉所谓"五音姓利"的风水术，陵区要符合"东南地穹，西北地垂"，才有了宋陵与众不同的现象，可见风水术对皇家陵寝建筑的影响之大。

明清皇家陵寝更是依照风水理论，精心选址，将数量众多的建筑物巧妙地安置于地下。它是人类改变自然的产物，体现了传统的建筑和装饰思想，阐释了封建中国持续五百余年的世界观与权力观。

"象天法地"是中国古代建筑中普遍遵循的一个设计原则。这主要是出于统治上的需要，把宇宙天体运行的规律加以神化，来证明其国家统治的合理性和不可动摇。坛庙陵寝作为礼制建筑具备这一鲜明特点。

天坛就是运用"象天法地"的建筑理念，以有限空间象征无穷宇宙的杰出典范，它朴素而鲜明地体现出对中国古代文明发展曾产生过深刻影响的极其重要的宇宙观，是建筑和景观设计的杰作。

我们有理由说，祭天的礼仪制度是建立在对天体观测而形成的宇宙观基础上的。古代的先民出于农业生产的需要，对天体中的自然物——日月星辰进行了长年不懈的观测，努力地探索着天体运行的规律。大约在五千年前，中华民族的祖先就对天文科学有了初步的认识，并且在以后的发展过程中不断继承、补充、总结、归纳，建立起中国古代天文科学体系，形成了自己民族的宇宙观。

明长陵鸟瞰

解读天宫地宫精湛的设计理念

文化北京图卷　坛庙与陵寝　赏析坛庙与陵寝的建筑景观

1. 有限空间遐想无限宇宙

"天圆地方"是中国古代宇宙观的突出体现，古人认为"天圆如张盖，地方如棋局"。

天坛在封建国家礼仪制度上的重要地位十分突出，在建筑设计上提出了严格的要求，即通过建筑形式和艺术手法来表现天的崇高、神圣以及皇帝与天之间的密切关系。宏伟的天坛集古代"象天法地"之大成，是中国古代建筑史上的杰出典范。天坛建筑群充分运用了数字、形状、颜色、名称、布局等多种表现手法，巧妙地把古人的宇宙观和古人在天文科学上所取得的杰出成果融入建筑，创造了一种天人协合的完美意境。

"象天法地"建筑理念在其他坛庙建筑中也有体现。地坛以方形为主要特征，代表大地；两层祭坛，八级台阶，坛面石板数目为八的倍数，都采用偶数以寓意"地"为阴性，与"天"为阳性相对应。"日"为阳，朝日坛祭坛直径为五丈，采用了阳数中的"五"，而夕月坛则因"月"为阴，数字选用偶数阴数，祭坛直径四丈，台阶六级。

皇家陵寝的建筑也与"象天法地"理念有关。秦汉唐宋陵制为"方上"，状如方形"覆斗"，是以方形象征大地，代表皇帝是大地之主，皇权至高无上。秦始皇陵地宫内"上具天文，下具地理"，俨然是一个宇宙空间的缩影。明太祖朱元璋一改历代皇陵旧制，首创形如天穹、名为"宝顶"的圆形陵丘；陵园整体平面呈前方后圆之形，以象征"天圆地方"；陵上广植松树，蔽日遮天。陵墓平面布局由方变圆，寓意帝王虽然辞世，天子名分永存，居阴之地，不失阳天之征，体现帝王"虽死犹生"，仍然以地顺天、以阴承阳的理念。

天坛祈年殿龙凤藻井

祈年殿藻井中绘制的金色龙凤纹与相对于地面的龙凤石上下呼应，形成天地对应的局面。

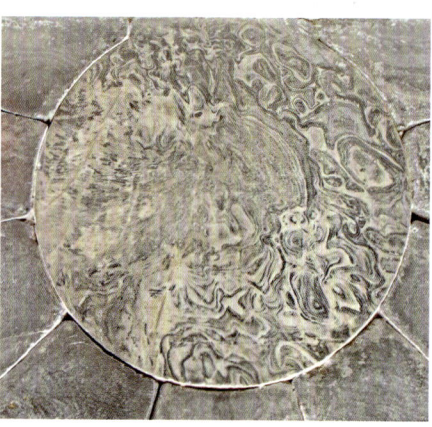

祈年殿地面龙凤石

祈年殿地面正中的龙凤石为天然纹路的大理石，龙纹色深，凤纹色浅。

藻井内，龙在西北，凤在东南；大理石上，凤翔西北，龙潜东南。

祈年殿木质结构图

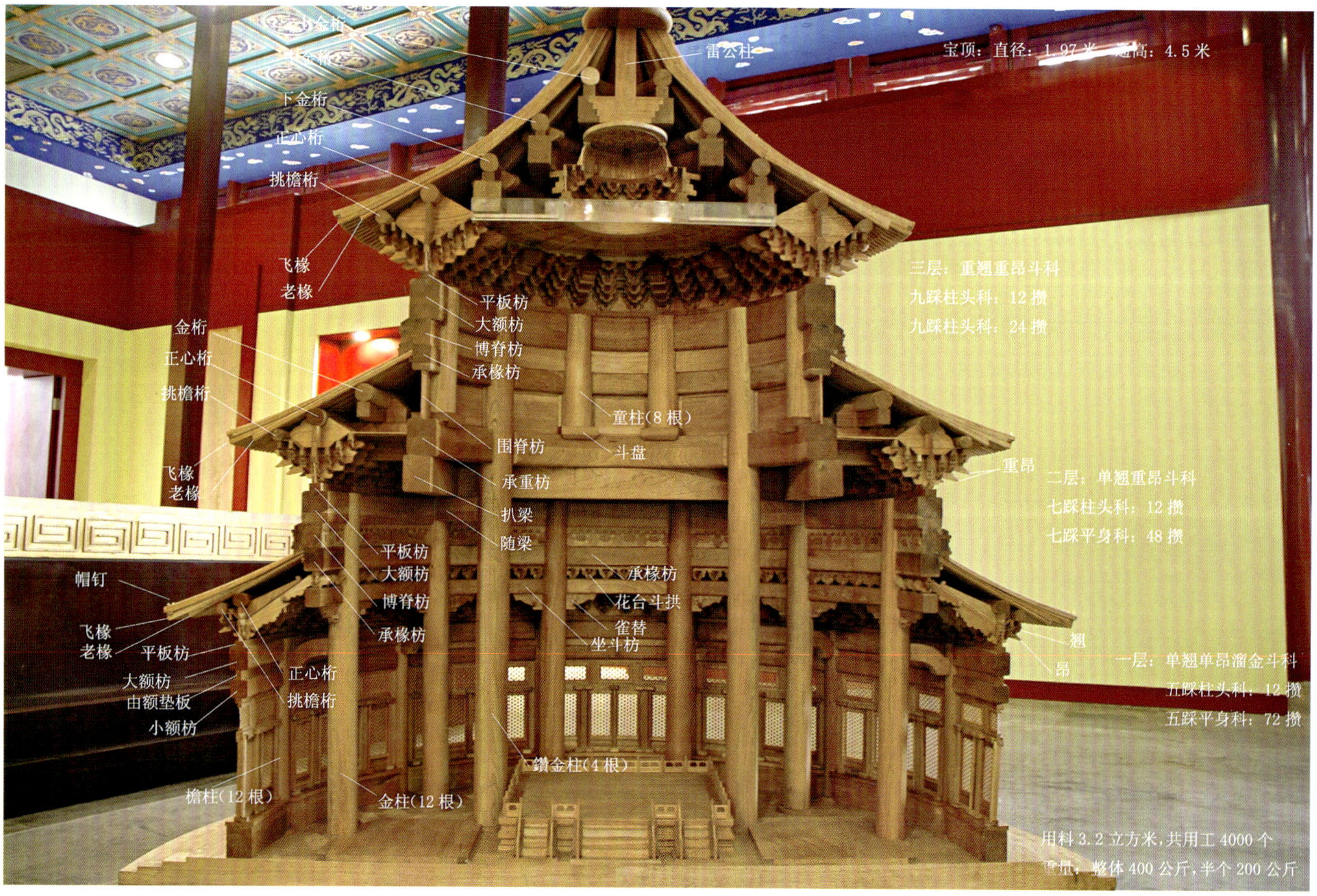

宝顶：直径：1.97米 通高：4.5米

三层：重翘重昂斗科
九踩柱头科：12攒
九踩柱头科：24攒

二层：单翘重昂斗科
七踩柱头科：12攒
七踩平身科：48攒

一层：单翘单昂溜金斗科
五踩柱头科：12攒
五踩平身科：72攒

用料 3.2 立方米，共用工 4000 个
重量：整体 400 公斤，半个 200 公斤

祈年殿宝顶的金龙

祈年殿金色宝顶，在仰覆莲瓣的圆盘中间，束腰部分是由九条金龙组成的圆柱体，体现着天人合一的宗法伦理。

祈年殿三层台阶和屋顶

祈年殿由三层圆形石台阶和三层蓝琉璃瓦圆形屋顶组成，由大至小呈金字塔形。大殿的镏金宝顶直指苍天，形成人与天的对话。每层台阶都由九级踏跺组成。

坛庙与陵寝

赏析坛庙与陵寝的建筑景观

仰视祈年殿内的大柱和圆形藻井

金柱、童柱与斗拱连接向心的直线，向代表天宫的藻井集中，沟通着人与天的关系。

解读天宫地宫精湛的设计理念

文化北京图卷　坛庙与陵寝　赏析坛庙与陵寝的建筑景观

天坛的圜丘鸟瞰

圜丘是祭天的中心祭坛。简洁的造型源于古人"质诚尊天，不自崇侈"的祭天理念，外方内圆两重坛墙，形象地表现了"天圆地方"的宇宙观，中心三层重叠的汉白玉祭坛在绿树红墙蓝瓦的衬托下显得极其精致、净洁，不染一丝人世烟尘。

圜丘东西南北各面每一组台阶均为九级。

解读天宫地宫精湛的设计理念

文化北京图卷 **坛庙与陵寝** 赏析坛庙与陵寝的建筑景观

长陵祾恩殿的台阶
　　长陵祾恩殿是明代帝陵中唯一保存至今的陵殿,是我国古代木构建筑中的珍贵遗物。它坐落在三层汉白玉石栏杆围绕的须弥座式台基和一层陡板式的小台基上。台基前出三层月台,每层月台前各设三出踏跺。左右两出为阶级式踏跺,中间一出左右是阶级式踏跺,中间则是斜坡形御路石。

太庙前殿前的广场
　　前殿面阔十一间,重檐庑殿顶,以沉香木为柱。每年大祭之日,把奉在中殿、后殿的神主木牌移至前殿祫祭。东西两庑各有配殿十五间,东座配享王公之位,西座配享功臣之位。前面是一大广场,烘托出祭祀时的神圣气氛。

2. 风行水动营造阴阳乾坤

古人"事死如事生",根据地形地貌、水文气候等自然条件择选墓葬地,以达到"葬者藏也,无风、蚁、水三者侵体之害"的目的,让自己的亲人安息于理想的环境中。历代皇陵选址以风水理论为依据,有封建统治阶级宣扬"君权神授"思想,借自然之地势增加皇家之气势,体现皇权至高无上的威严,以实现皇权永固的政治目的。

明太祖朱元璋按照当时流行的风水术,精心卜定自己的陵址:经过"觅龙、察砂、观水和点穴",最终选在南京钟山南面独龙阜玩珠峰下——左右群山拱护,前有梅花山为"案几",后有钟山为屏障,构成了"龙虎抱卫,主客相迎"的山川形势。明成祖朱棣永乐四年(1406年)决定迁都北京,在开始营建北京的同时着手营建寿陵。次年派人请江西派风水大师廖均卿入京查勘陵址。先后查勘京西、京北和京东等地,最终选定京北昌平的黄土山作为皇陵址,后经朱棣亲自踏勘确认后,于永乐七年(1409年)年正式开始修建长陵,并改"黄土山"为"天寿山"。明代各朝皇帝相继把陵墓建造在这里。这里共葬有13位皇帝、23位皇后、1位皇贵妃和数十名殉葬宫妃。

清朝入关后即着手皇家陵寝事宜,先后派两批钦天监大臣和风水名师到京东一带选择陵址,后经顺治皇帝亲自选定,在今河北省遵化市的昌瑞山营建了孝陵。以孝陵为中心开辟了清朝入关后的第一个皇家陵园,陆续修建了康熙、乾隆、同治、咸丰四个皇帝的陵寝。"东陵"葬有5个皇帝、15个皇后、136位妃嫔和1个皇子,共157人,形成了规模宏大的皇家陵园。清代另一处皇家陵园"西陵"在河北省易县永宁山下,始建于雍正八年(1730年)。雍正皇帝之所以另辟陵址,同样是出于风水原因,通过选择风水宝地建造皇陵,来保佑大清江山永固。"西陵"葬有4个皇帝、9个皇后、56个妃嫔,及王公、公主等共80人。

尽管风水学说有浓厚的封建迷信色彩,但它是一种有关环境与人的学问,也有其合理因素的经验积淀。

明皇陵示意图(采自《中都志》卷4)

明皇陵的营建在很多地方都借鉴了宋陵的制度,如覆斗形陵台(墓冢)、方形陵垣、四面对称门、石像生种类等。明皇陵也有创新,一是并上、下宫建筑为一体;二是陵垣的层数比宋陵多。其中,中间一道陵垣称为砖城,东、南、西、北四面对称设置城门和城楼,这种制度为明代首创。

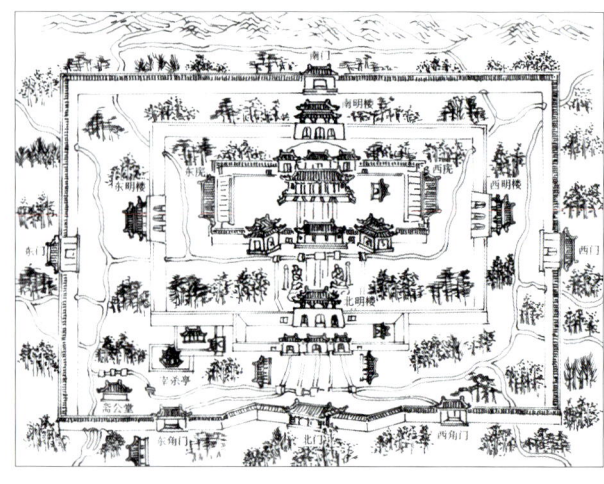

中国三大干图

此图根据明王圻纂辑《三才图会·地理》卷16绘制。风水的基本思想之一是龙脉思想,古代的风水术士们遵循"大凡寻龙要寻干"的形家传统做法,认为中国的干龙有三条,均起源于号称"山祖"的昆仑山:南干龙位处长江以南,旺气在南京,结于钟山孝陵;中干龙在黄河、长江两大水系的相夹之处,旺气在中都,结为凤泗祖陵;北干龙处于黄河与鸭绿江两大水系的相夹之处,旺气在北京,结为天寿山诸陵。

明长陵风水格局示意图(十三陵特区提供)

长陵陵园四面环山,四势完美。其北天寿山主峰至长陵宝城后的山脉,高低起伏,构成玄武垂头之象。东面的蟒山、阳翠岭为龙砂,构成青龙蜿蜒之象。西面的虎峪、大峪山、小峪山为虎砂,构成白虎驯颊之象。南面的天寿灵山、汗包山为案山、朝山,构成朱雀翔舞之象。整个地势周围高、中间低。长陵陵园的水流走向呈抱合状,东、西两水流在七孔桥处汇合后又与德胜口水相交,横流于长陵之前,最后从东山口出,向南入沙河。长陵墓穴处在胎息山的脉止处和两水交汇的范围内,"形肖铜锣,穴居中央"。此外还有很多可称道的吉相。总之,天寿山是"山川大聚"的吉壤。

金星山是清孝陵的朝山，石牌坊是清东陵前的第一座建筑。从石牌坊北向南看，高大雄峻的金星山正好"镶嵌"在石牌坊的五个门之中，成为清东陵标志性一景。

清东陵风水形势图（清 样式雷绘）

光绪元年为同治帝的惠陵选址时绘制，以写意山水画法表现东陵风水来龙去脉的形势，在所选勘双山峪、松树沟、成子峪、宝椅山等四处风水吉地中，最后由慈禧指定双山峪为陵址。

清东陵整个陵区以昌瑞山为界，以北为后龙，千山卓立，万岭奔腾，密林覆盖；以南为前圈，是诸陵所在之地。陵区周围开割三层火道，竖立红、白、青三道界桩。全陵区总面积为2500平方公里。

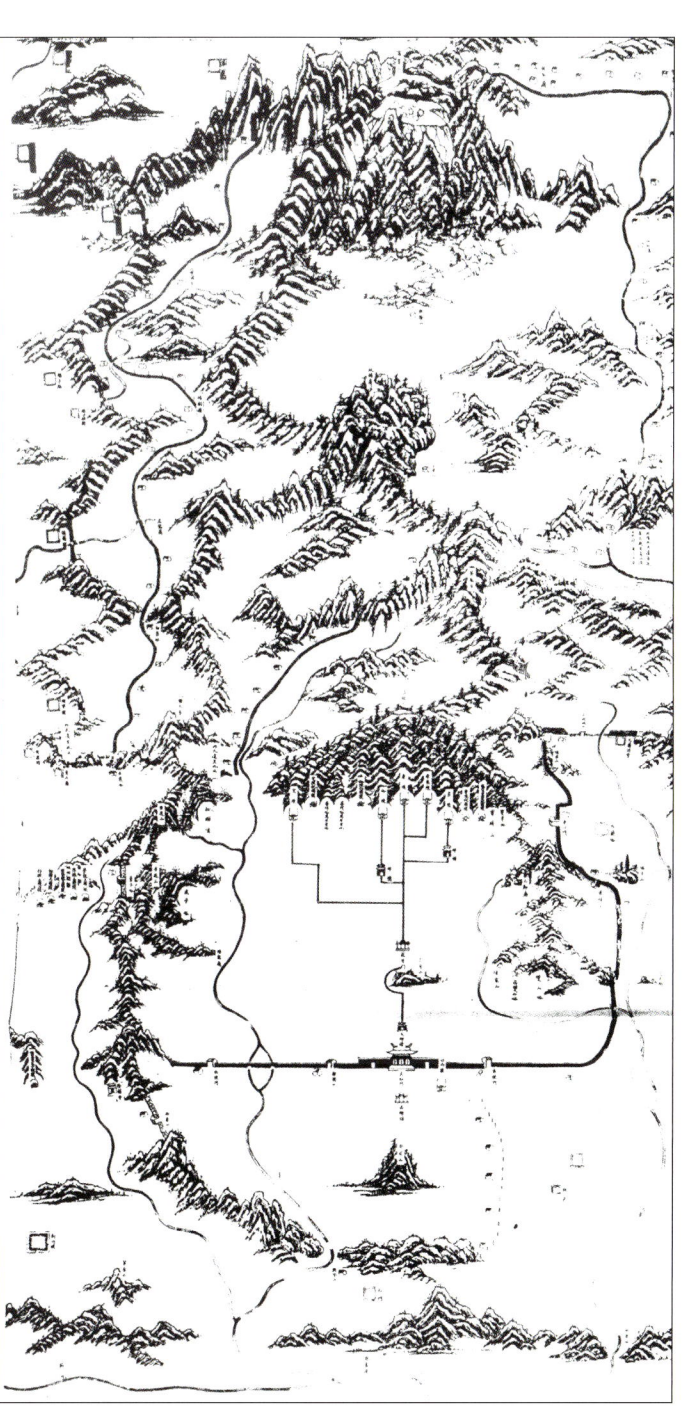

大红门是清东陵的正门，有三个拱券形门洞。石牌坊和金星山纳入了大门的门洞之中，成为清东陵的独特景观。

文化北京图卷

坛庙与陵寝

赏析坛庙与陵寝的建筑景观

3. 阴阳神道连通融合天地

在皇家陵寝宏大的陵区中，有一条通往皇帝陵墓的漫长道路，称为"神道"或"神路"。在天坛的圜丘坛与祈谷坛之间，也有一条连接两坛长达360米的宽阔大道，名为丹陛桥，也称为"神路"。

神道起源于汉代，此后陵前建神道相沿成习，并逐渐成为陵寝建筑规制的一个不可缺少的组成部分。唐代因山为陵，陵前设置很长的神道，沿神道设置礼制性门阙、石像生等附属建筑物，加深了序列层次，展示出雄伟壮阔的气势。明清两代的皇家陵寝建筑继承了这一传统，明十三陵长达7.3公里略呈弯曲的神道，在周围山峦的映衬下，使人感到另一个世界的深邃与神秘，有一种"路漫漫兮"的感受。

在中国古人的世界观里，宇宙分为天界、人间、地府三界，古人曾以丰富的想象力，勾画出通往幽明两界之路，一条神道把天界、人间、地府连通在一起。古人在陵前建神道，也有表达与死去亲人沟通亲近和炫耀身份显赫之义。

神道虽然仅仅是连通天地的一种象征，却代表着"天子"所拥有的"交通天地"的特权。周代礼制规定，只有周天子才有祭天的权力，从此祭天成为皇帝的特权，坛庙陵寝所建神道也就成为皇权的象征，这就是明清两代帝王对皇陵神道倍加重视、不遗余力精心打造的原因。神道连通天地这种象征意义在天坛、地坛等祭坛中也有体现。天坛的神道地面从南至北逐渐升高，使丹陛桥在视觉效果上给人以通往天宫神殿的感觉，在祭祀礼仪中，人间帝王也是通过这条神路，一步步迈向神圣的祭坛，向天祷告，与神相通。

"神道"在古人的语汇中还有精神层面上的含义，就是从宇宙天地运行规律中衍生出的抽象道德伦理或社会秩序之规律。

坛庙陵寝作为中国古代祭祀文化的物质载体，有一个重要功能，就是起到"神道设教"的作用。"神道设教"的提法最初见于《周易》："观天之神道，而四时不忒。圣人以神道设教，而天下服矣。"而"神道设教"的根本目的就在于通过祭祀的形式，教化人民，使人民相信并遵循封建伦理制度和道德规范，为维护封建统治打造思想基础。

为达到"神道设教"的目的，古人在祭祀活动中，始终坚持儒家的"报本返始"思想。古人有"三本"之说，即"天地者生之本"、"先祖者类之本"、"君师者治之本"。明清皇家祭祀遵循这一原则，天地日月、祖先社稷、先农嫘祖、帝王圣贤成为祭祀对象、感恩报答之"本"。

皇家祭祀中的"报本返始"思想在历史上有一定的积极意义。祭祀先农、嫘祖体现了古代的重农思想，对社会生产力和农业经济发展起到推动作用。文庙祭孔对中国传统文化起到传承和发扬光大作用。宗庙祭祀弘扬的是中华民族崇尚"百善孝为先"的优良品德。历代帝王庙把包括所有入主中原的少数民族统治者在内的历代帝王聚集一堂，充分展示了华夏民族巨大的凝聚力。

明十三陵全图（清人绘　十三陵特区提供）

天寿山陵区四面环山，其主峰如屏似障，耸立于北，东蟒山、西虎峪山，似星拱，如朝列，左右环抱，南面是较低矮的龙山、虎山等小山丘。在这封闭的小山环中，龙虎二山之间被陵园的设计者选作了陵区的入口，其内长长的石雕像生队伍，给群山之间空旷的原野增加了精美的点缀物，使陵区的总体环境，即砖木建筑物、石雕物与周围的山岳、河流浑然成为一个有机的整体。这是人文景观与自然风貌的巧妙结合，是"天人合一"的辉煌艺术杰作。

解读天宫地宫精湛的设计理念

文化北京图卷

坛庙与陵寝

赏析坛庙与陵寝的建筑景观

明长陵神道

明长陵神道两侧依序对称设置石像生共18对，由南往北依次排列有狮、獬豸、骆驼、象、麒麟、马、将军、品官和功臣。这组带有写实风格的精美石雕群，在设置上具有象征墓主生前仪卫和保护陵园的意义，因而又被称为"石仪卫"。

解读天宫地宫精湛的设计理念

文化北京图卷
坛庙与陵寝
赏析坛庙与陵寝的建筑景观

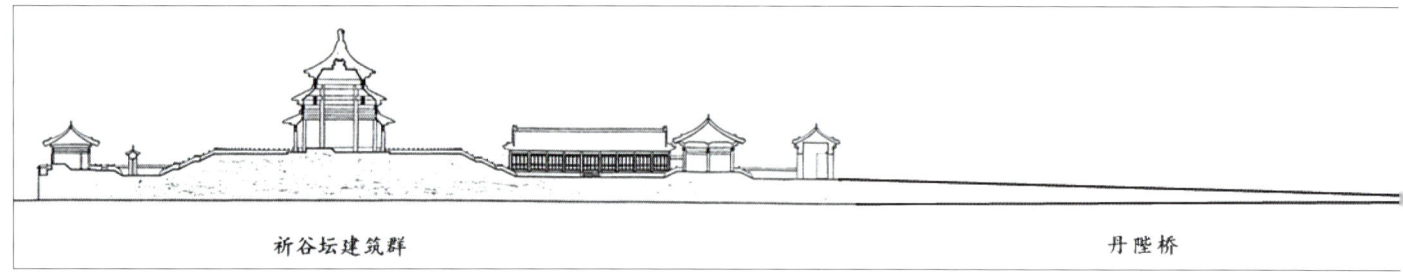

天坛建筑群水平高度比较示意图（天坛公园提供）

丹陛桥涵洞（鬼门关）

丹陛桥中部下面横贯一道石砌拱券形涵洞，西口南向，隐于坡道之下，东口亦南向与具服台相邻。从牺牲所驱赶制作祭品的牲畜到宰牲亭，不能跨越神路，只能从这个涵洞通过，牲畜进了涵洞后即不能生还，因此被人们戏称为"鬼门关"。

解读天宫地宫精湛的设计理念

天坛丹陛桥

天坛丹陛桥是连接圜丘、祈谷两坛的一条高敞的砖石混作平台，南北长360米，宽29米。史书称为海墁大道，因跨越两座涵洞，故称之为桥。初建时未有丹陛桥之名，因其仅西面一侧有坡道供人上下行走，犹如单臂一般，后人戏称为"单臂桥"，因文字不雅，取其谐音改为丹陛桥。

路面纵向以条石、街心石分为五行，有固定的行走品级，不得逾越。中间白色街心石为神路，是神舆行经之道，左为御路，右为王路，两侧为群臣之路。

丹陛桥因地势原因呈北高南低之状，两端高度相差4.5米。北部居高，两侧古柏浓郁如涛。站在南端向北望去，丹陛桥犹如一条通往天宫的神路。

丹陛桥北端为祈谷坛南砖门，为砖制拱券门，丹陛桥神路正对中门，为神出入之门，御路正对左门为帝王出入之门，王路正对右门。三个门看似一样，实际中门最宽，左门宽于右门。

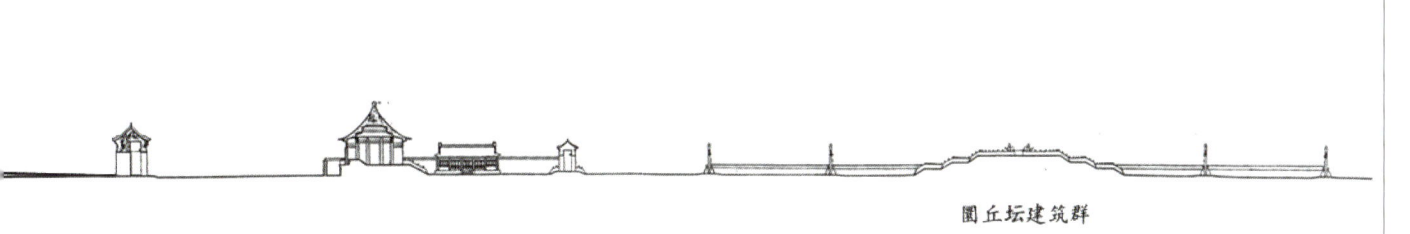

圜丘坛建筑群

走牲门

祈谷坛西二门南侧坛墙开有随墙门洞，大祀前准备用来制作牺牲的牲畜不能从正门通行，而要从此门进入内坛赶往宰牲亭，故称作"走牲门"。

(二)感受天宫地宫恢宏的建筑气势

明代与清代前期是中国古代封建社会发展的顶峰期，宫殿、坛庙和陵寝建筑是明清成就最大的建筑门类。从坛庙建筑门类来看，明清的坛庙建筑成就远远超过前代。陵寝建筑亦然。它们作为封建礼仪制度和祭祀文化的重要内容和表现形式，集古代建筑技术、艺术之大成，成为中国古代建筑文化发展史上第三次高潮的典型标志物。

天坛、社稷坛、太庙等"九坛八庙"是中国坛庙建筑的光辉范例。明十三陵和清东陵、清西陵则是中国陵寝建筑的杰出代表。它们崇尚巨大的建筑尺度，天坛占地广阔，相当紫禁城三倍之多，建筑物甚少，视野开敞，气势磅礴。太庙三大殿的建筑模式可以说是故宫三大殿的"微型化"，在建筑文化伦理意义上，绝不逊于故宫三大殿，充分体现对先祖的崇拜。明十三陵和清东陵、清西陵，陵区范围都是百余里甚至数百里连绵广延。

天坛处处体现崇天这一文化主题，反复强调"圆"这一建筑文化符号，以象征"天圆地方"。圜丘、祈年殿在造型、位置、尺度、色彩等方面，都突出了天坛崇高、伟大的主题，起到统驭全坛、独领风骚的审美效果。陵寝建筑有宏大的陵园建筑和豪华的地下宫殿。地上建筑有祭祀建筑区，用以祭祀，为陵园建筑的主体部分；神道部分，为通向祭殿和坟前的导引大路，又称御路，为以壮观瞻之用。明长陵的祾恩殿，面积仅略小于故宫太和殿，可见明代帝王对陵寝建筑的重视。帝王陵寝建筑是丧葬传统文化中尊祖敬老主题的体现。

坛庙和陵寝建筑，除实用功能外，其建筑文化的精神意义丰富而强烈。这是从文化审美角度加以规范的"建筑意"，坛庙与陵寝的建筑，通过象征性的暗示，表现一种抽象的观念、情绪。在坛庙与陵寝建筑中，大量运用建筑的文化符号，通过数的暗示、形的表现、音的谐趣、色的借喻等象征手法，来表现建筑文化的主题。我们在赏析天宫与地宫恢宏的建筑气势时，将从这些手法来享受这些建筑的审美价值。

坛庙与陵寝建筑，通过富有变化的空间组合，具有纵横交错、疏密相间、起伏错落的特点，很好地处理了建筑与建筑、建筑与人的关系，充分体现了天宫与地宫恢宏的建筑气势。

咸丰帝的定陵位于清东陵的双山峪，背靠昌瑞山右翼，前朝天台山，其陵寝建在山坡之上，利用一道道泊岸和台基，陵寝建筑从南到北，逐渐加高，凸显了皇陵的威严气势，表达了皇权至高无上、不可侵犯的思想。

感受天宫地宫恢宏的建筑气概

文化北京图卷 **坛庙与陵寝** 赏析坛庙与陵寝的建筑景观

1. 天宫无尚崇高

在明清皇家祭祀建筑中，天坛居"九坛八庙"之首，以其精湛的建筑艺术和独特的建筑风格闻名于世。

天坛因祭祀的特殊需要，从整体布局到局部构造都具有独到之处。它以缜密的构思和严谨的手段，使各自独立具有不同用途且造型各异的建筑，和谐地组合在一起，形成规模宏大的祭天建筑群，成功地把古人对宇宙的朴素认识，对"天"的无比崇敬以及对"天宫"的丰富想象力，以建筑的方式表现出来，营造出一种人和"天"对话的神秘氛围。

天坛的建筑设计，反映了卓越的建筑空间组织才能。在整体布局上，祭坛神殿置于广阔的坛域中间，苍茫如海的古柏，环绕着巍峨的神殿与圣洁的祭坛，营造出"苍璧礼天"的意境，也隔绝了喧嚣的尘世，静谧之中更添一派神秘之感。

鸟瞰祈谷坛

祈谷坛前身为明初修建的天地坛，嘉靖二十四年（1545年）于大祀殿旧址改建，圆形仿明堂建筑大享殿。祭天"祈谷"于周代已为国家正式祀典，"孟春之月，天子乃以元日祈谷于上帝"。明代前期祈谷礼未列入祀典，嘉靖时始行。清代恢复祈谷大典，"每岁正月上辛日祀上帝于大享殿为民祈谷"。乾隆时以殿名与祈谷不谐，将大享殿更名为祈年殿，坛为祈谷坛，传承至今。

东西配殿

祈年殿前东西各有一座存放从祀牌位的配殿。明初修建大祀殿时，东西配殿各为十四间，分为前后殿，分别存放日月星辰、风云雷雨、五岳五镇、四海四渎、山川太岁、历代帝王的神主。清乾隆时只以五代祖先配祀，不再供奉其他神祇，因此拆掉后殿。乾隆十五年重建配殿，即现在的东西九间配殿。

天坛中轴线鸟瞰图（《天坛清代全盛图》，学苑出版社）

天坛整体规划设计是古建中的佳作，虽然南北二坛建筑年代相隔110年，但二者结合得天衣无缝，浑然一体。分布在中轴线上的三组建筑由低到高，布局设计由简入繁，使人产生一种步入天庭的神话意境。

皇穹宇

建于明嘉靖九年（1530年），初称泰神殿，为存放"皇天上帝"神版和配祀神主神牌之所。嘉靖十八年（1539年）重建，改名为皇穹宇，形制为绿琉璃筒瓦重檐圆攒尖顶。清乾隆十七年（1752年）重修，形制改为单檐蓝琉璃瓦圆攒尖顶，鎏金宝顶。

天坛斋宫

斋宫建于明永乐十八年（1420年），位于祈谷坛西南方，坐西朝东，平面呈正方形，主体建筑有正殿（无梁殿）、寝宫、钟楼等，占地4万多平方米。两道城壕与高大的宫墙，构成一个巨大的"回"字形。10座汉白玉石拱桥连通10座宫门，外重宫墙外环绕着依墙而建的163间回廊。这组建筑充分体现了中国古代建筑设计布局严谨、疏密得体的传统手法，宛如一座小皇城。

天心石

圜丘祭坛中心圆石亦称"天心石"，在天坛"象天"建筑设计理念中，是"九天"环绕的中心、"一元资始"的象征。站在"天心石"上讲话，声音会从周围栏板迅速反射回来，与人的讲话声叠加在一起，显得异常宏亮，好似得到八方呼应，人们称其为"亿兆景从"。

天坛斋宫寝宫

寝宫为五开间的大殿，是皇帝斋戒时的卧室。南面两间为皇帝夏季举行常雩大典斋戒时的卧室；北面两间是用于冬至祭天、孟春祈谷时斋戒的卧室。由于冬季气候寒冷，设计者在寝宫修筑了熏炕，以抵御冬夜的寒气。嘉庆十三年（1808年）因熏炕起火而烧毁了寝宫房屋，嘉庆皇帝下令"所有坛内斋宫熏炕一节，嗣后永远停止"。

探索天坛声学建筑奥秘

天坛回音壁、河南蛤蟆塔、四川石琴、山西莺莺塔，是我国著名的四大声学古建筑。天坛具有声学效应的建筑最终建成年代最晚，却以声学现象多、声学效果明显而位居四大声学建筑之首。回音壁的神奇早已蜚声海内外，对话石却是新发现，这些用现代科学仪器精心测试才论证的回音原理，古人却凭借对天神的信仰与"天人合一"的虔诚意念，天才般设计组合，营造出他们认为足以表述心意的理想境界。

皇穹宇院落俯视图

回音壁

皇穹宇院落的围墙内壁就是声学建筑中最著名的"回音壁"。两个人靠近墙壁面向北说话，无论多远都可以清晰地听到对方的声音，声音好像沿着墙壁游走，因此又称"传声墙"。回音壁的存在，也是院内其他声学现象产生的基础。

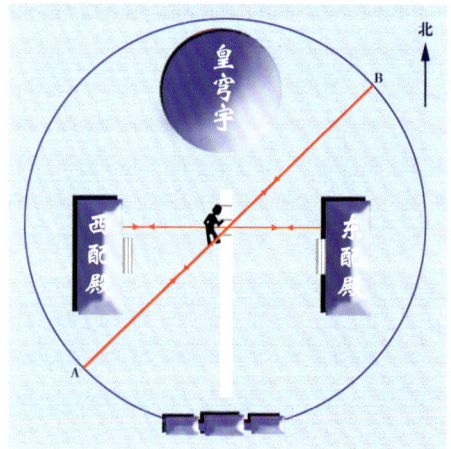

三音石

站在皇穹宇前神道的第三块石板上击掌，能听到三个回声，这块石板因此被称作"三音石"。三音石还曾被称为"人间私语，天闻若雷"古迹，静谧的夜里站在石上说话，即使声音很小，回声也很大。

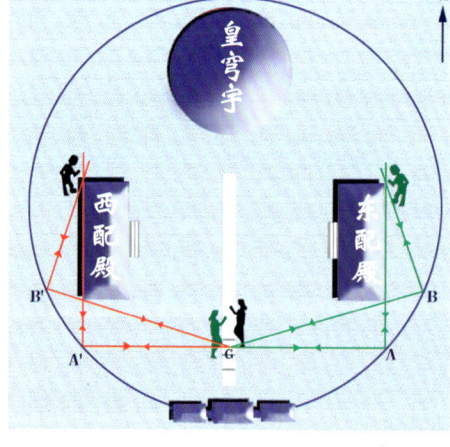

对话石

1994年在对天坛声学建筑研究测试过程中，又发现了新的"对话石"声学现象。站在皇穹宇前神道的第18块石板上，与站在东（西）配殿东北（西北）角的人说话，虽然相隔36米并且受殿宇阻挡看不见对方，声音却像面对面说话一样清晰，这块石板被命名为"对话石"。这一现象在第17、19、20块石板上同样存在。

2. 地宫玄奥浩大

凭借山川之胜势以壮皇陵之宏伟,是明清皇家陵寝的一大特点。从明长陵营建开始,在整体规划上就体现了当时设计者的大手笔,依据中国传统风水学说,把陵寝建筑与壮美的自然环境和谐统一地融合在了一起,显示出帝王与天地同尊的地位和君临天下的浩大气势。

清代陵寝承袭了明代陵制,同样注重人文建筑与自然景观的联系,强调建筑与环境的和谐统一,在整体布局中巧妙地利用山川水势,把陵区镶嵌于群山环抱、众水环绕之中。

明清皇家陵寝的建筑布局、等级规格、奢华程度不亚于皇宫。明长陵的祾恩殿就是仿照皇宫金銮殿修建的,是我国现存最大的一座楠木殿堂。清代陵寝地面建筑在精美豪华上比明陵更胜一筹。

明清皇家陵寝不仅地面建筑极其宏伟,地下的墓室玄宫也是按照宫殿的规制建造。

明定陵地宫五室的布局与皇帝生前宫中日常生活起居区的建筑布局吻合。清代皇家陵寝的地宫相比明陵地宫规模要小,可是豪华程度却是明陵地宫无法比拟的。乾隆皇帝的裕陵地宫俨然是一座石雕艺术的宝库和庄严的地下佛堂。

明清皇家陵寝是在历代积累的丰富经验与成就的基础上有所发展创新建造起来的,集合了中华民族所创造的物质文明与精神文明的优秀成果和智慧结晶,凝聚着一个时期的政治思想、道德观念和审美情趣,反映了当时的社会经济状况、科学技术发展水平和建筑营造工艺水平,是中国墓葬文化的最高表现形式和建筑典范,历史价值和文化价值弥足珍贵。

(1) 明清皇家陵寝建筑

以"事死如事生"的观念,帝王陵寝仿照其生前所居之都城和宫室建筑,帝陵陵宫的建筑结构模拟"前朝后寝"的宫城格局。每座帝陵都包括神道和陵宫两部分,红墙黄瓦,楼殿参差,宛若仙宫,处处皆体现帝王至高尊崇的地位。

石牌坊

石牌坊是陵园前的第一座标志性建筑。明长陵神道的石牌坊位于明长陵神道的起点,建于嘉靖十九年(1540年),是明世宗为颂扬祖宗圣德所建。全部系青白石雕刻后榫卯衔接而成,形制为五门六柱十一楼,面阔28.86米,高约12米,其布局严谨,造型秀丽,雕刻精细,为明代石雕艺术珍品。

大红门

大红门是陵园的门户,为单檐庑殿顶式的建筑,设三个门洞,已故皇帝、皇后的棺椁、神主、神牌、神帛等由中门洞通过,嗣皇帝拜祭祖先陵寝时由左门洞通行,奉命谒陵官员由右门洞通行。

感受天宫地宫恢宏的建筑气概

坛庙与陵寝

赏析坛庙与陵寝的建筑景观

清孝陵大碑楼

神功圣德碑碑亭，俗称大碑楼，内竖巨大的功德碑。亭外的四根精美的华表，不仅扩大了大碑楼的体量，不会令人产生孤独无情之感，同时，华表与大碑楼在形制上、颜色上、静动上，互相衬托，形成了强烈的反差，更加显示了这组建筑的富丽堂皇。

清裕陵的石像生

在陵寝的神道两侧设置石像生，是神道的标志物，始于东汉。石像生中的神奇的瑞兽、凶猛彪悍的狮、象、威风凛凛的文臣武将，象征死者生前的仪卫，昼夜护着皇陵，不仅具有驱邪避凶、镇墓的作用，而且还有加重皇陵神秘气氛、显示墓主人尊贵和权势的作用。远处是裕陵圣德神功碑亭。

清孝陵龙凤门

明清皇帝陵，在石像生的北端都要建龙凤门，又作灵星门或乌头门，其形制起源于古代的"乌头染"。《后汉书》载，龙星左角的星名为天田星，"号曰灵星"，则灵星为角星之宿。因"角星为天门之象"，所以，灵星所垂之象就是天门，后成为象征王制的尊者之门。因为帝后入葬山陵，此门为必经之处，故又有龙凤门之称。其作用是收拢视线，突显石像生。另外，龙凤门还起着承前启后、联系前后两部分的作用。

明长陵祾恩门

明长陵祾恩门为明代原有建筑形制，单檐歇山顶，面阔五间，进深两间，下承汉白玉石栏杆围绕的须弥座台基。室内明间、次间各设板门一道，稍间封以墙体。

坛庙与陵寝 — 赏析坛庙与陵寝的建筑景观

明长陵祾恩殿

祾恩殿是帝陵的祭殿，兼有前代帝陵寝殿（献殿）、便殿的多重功用，是供奉帝后神牌和举行谒陵祭祀活动的地方。明长陵祾恩殿仿皇宫紫禁城的奉先殿，规格用料皆为古代建筑的最高等级。

明长陵祾恩殿为明代原有建筑形制，重檐庑殿顶，面阔九间，进深五间。大殿的柱网排列为"九五"规制，殿顶有明、次间贯通的藻井，地面铺砌烧制细密的金砖，殿内60根楠木大柱，底径均在1米上下，是世间罕见的奇材佳木。

陵寝门的琉璃花门

明清陵寝均为"前朝后寝"格局。大殿、东西配殿、神帛炉（燎炉）所在的前院为"前朝"部分，方城、明楼、宝城、宝顶、石五供为"后寝"部分。陵寝门即"后寝"部分的门户。陵寝门也叫三座门或琉璃花门。中门为神门，左门是君门，右门是臣门，尊卑有别，等级森严。

清裕陵后院

陵寝门以内为"后寝"部分，相当于内宅。在祭陵时，只有皇帝、皇太后、皇后、皇太子才能进入，非奉特旨，一般大臣、官员只能在门外恭候。

清孝东陵石五供

明清皇陵内均设置有石五供。石五供由祭台和两个花瓶、两个烛台、一个香炉构成，均为石制。五供虽然不能实用，但却象征着香火永旺、蜡烛常明、仙花长开，象征着长眠于地宫里的帝后们时刻都在饱纳着后代子孙们的奉养。

感受天宫地宫恢宏的建筑气概

清东陵定陵宝城宝顶

自朱元璋改革陵制以后，坟丘始称宝顶。宝顶环以宝城，宝顶下是地宫。明陵宝城多为圆形。清陵中，孝陵、定陵、惠陵、崇陵宝顶为长条形，主要原因是受地势狭窄限制。此图为咸丰帝的定陵宝城、宝顶。

清东陵裕陵地宫

地宫是陵寝最神秘之所在，是安放棺椁之处。关内清帝陵的地宫，除道光帝的慕陵外，差不多均为九券四门。石门上雕刻着八大菩萨，裕陵和昌陵地宫内还雕刻了大量经文、咒语和佛像等图案。

(2)清孝陵的整体规划

清孝陵是体制最完备的清代皇帝陵，也是清东陵的主陵。孝陵的布局淋漓尽致地占尽了风水之灵气。北自昌瑞山，南达金星山，按这一山向构成陵寝中轴线，随山势水形铺设神道12里。从南至北依次建有石牌坊、下马牌、大红门、具服殿、神功圣德碑亭及四隅华表，绕行影壁山有石望柱、石像生、龙凤门、一孔桥、七孔桥、五孔桥、下马牌、三路三孔桥、神道碑亭、神厨库、东西朝房、左右班房、隆恩门、东西燎炉、东西配殿、隆恩殿、石平桥、琉璃花门、二柱门、台石五供，最后到达方城明楼、宝城、宝顶、地宫。这一系列建筑，承袭北京明陵规制配置，形成了空间序列严整、气势恢弘的大规模建筑群。这条神道，将几千年华夏民族"天人合一"的宇宙观念、"慎终追远"的孝行思想浓缩在这漫长的亦步亦趋之中，以一种线性的表达方式将这种从生入死的过程逐渐展开，而贯穿其间的建筑则是作为这条线性表达上的一个个节点，以象征、隐喻的方式将华夏几千年的丧葬形式进行了高规格的总结。

清孝陵神道是清东陵陵园的中轴线。石牌坊是长达12华里的孝陵神道的起点，也是清东陵的第一座建筑。

感受天宫地宫恢宏的建筑气概

文化北京图卷 | 坛庙与陵寝 | 赏析坛庙与陵寝的建筑景观

在石牌坊北214米远处的大红门是清东陵整个陵园的总大门。门两旁伸出的风水墙将陵园的"前圈"拢抱起来。

穿过大红门，在409米远处的神道正中是孝陵神功碑碑亭，在四根华表的映衬下，显得雄伟高大、富丽堂皇。

从神功圣德碑沿着神道北行，绕过影壁山，就是孝陵石像生，有石雕像18对，长达870米。一对石望柱是石像生序列的开始。

石像生北端是龙凤门，它既是石像生终结的标志，也是下一段景观的开端。

穿过龙凤门，继续沿神道北行，依次跨过一孔拱桥、七孔拱桥、五孔拱桥后，就到了昌瑞山主峰南麓的孝陵的主体建筑陵宫部分。

3. 苍松翠柏寓江山永固

明清时期的坛庙祭祀建筑与皇家陵寝都种植了大片的柏树和松树。这种做法源于古代礼制，夏、商时期建邦立国都要建"社"坛祭祀，祭坛周围要植树，称为"社树"。史书记载：夏代社树为松，商代社树为柏，周代社树为栗。历代传承，凡建祭坛神庙陵寝墓葬都要种植松柏树，不仅是遵循礼制的需求，也是取松柏四季常青寓意神明长在、祖脉绵延、江山永固。

明清两代帝王继承了这一传统，历年种植的苍松翠柏蔚然成林，成为北京一道靓丽的风景线。在天坛围绕中心祭坛栽植柏林，有如奉献给皇天上帝的一块巨大的苍璧，体现出"苍璧礼天"的意境。姿态挺拔和色调沉静的常绿树，营造出庄重肃穆、静心虔诚的祭祀氛围。而在景观上，大面积四季常青的柏林不仅衬托出古老祭坛与神殿的雄伟、宏大的气魄，同时那苍翠的绿色又与色彩绚丽的神殿和白玉般圣洁的祭坛形成强烈的反差，构成一幅极其壮美的图画。

伴随古老坛庙陵寝历经数百年风雨顽强存活下来的古树，虽似饱经沧桑的老人，却充满了勃勃生机，塑造了一个又一个奇观：陵寝宝顶旁嵯峨挺拔的古松，犹如忠诚的卫士，守护着安睡的亡灵；古老的太庙里，苍老遒劲的古柏，恰似矍铄的老者，述说着帝国的兴亡；社稷坛侧"槐柏合抱"，皇穹宇边"屈子问天"，太庙之内"梅鹿欲奔"，回音壁旁"九龙腾飞"……这些名树是古代坛庙陵寝文化的象征，更是北京悠久历史的见证。当人们用手去触摸那伟岸的树干、望着那满树茂密或是一枝独秀的苍枝翠叶时，无不为它们那顽强的生命力而感动。

明康陵

感受天宫地宫恢宏的建筑气概

文化北京图卷 **坛庙与陵寝** 赏析坛庙与陵寝的建筑景观

61

文化北京图卷 **坛庙与陵寝** 赏析坛庙与陵寝的建筑景观

天坛古柏林

古人于坛庙陵寝植以松柏，取其"贯四时，不改柯易叶"之品格。天坛现留存3000余株古柏，充满勃勃生机。美国前国务卿基辛格博士曾感慨：凭借美国的实力我们可以再造一个天坛，但无法再造出这些树来。

屈子问天

"问天柏"在皇穹宇墙外西南侧，葱郁的树冠上一段残留枯干幻化成伟大诗人屈原昂首向天的剪影，高举的手臂，飘逸的袍袖，形态生动，似乎可以听到那《天问》的不朽诗句：圜则九重，孰营度之？

九龙柏

"九龙柏"位于回音壁外西北侧，高18米，干周3.8米，因树皮生长产生变异，树干布满了突出的干纹，宛若数条巨龙盘绕，被人们称为"九龙柏"。

槐柏合抱

"槐柏合抱"是天坛著名的古柏奇观之一，苍劲的古柏树干之中长出一株高大的国槐，把古柏的巨干撑裂开，槐柏两树，青黛交映，情趣盎然。

圆丘坛迎客柏

"迎客柏"生长在回音壁外西边北坛墙的一个月亮门东侧，形态与黄山迎客松相仿，枝干全部生在主干西侧并沿水平方向生长，好似伸出手臂迎送游客从此门出入，成为园内一景。

感受天宫地宫恢宏的建筑气概

天坛莲花柏

天坛古柏林

太庙的明成祖手植柏

社稷坛的柏树林

感受天宫地宫恢宏的建筑气概

文化北京图卷 坛庙与陵寝

赏析坛庙与陵寝的建筑景观

明康陵古松柏

明茂陵古松柏

明思陵古松树

明泰陵古松柏

明定陵鹿角柏

感受天宫地宫恢宏的建筑气概

文化北京图卷 **坛庙与陵寝** 赏析坛庙与陵寝的建筑景观

明长陵古松树

苍松翠海中的清西陵泰陵明楼

明永陵白皮松。白皮松干皮斑驳美观，针叶短粗亮丽，是历史园林绿化传统树种，又是一个适应范围广泛、能在钙质土壤和轻度盐碱地生长良好的常绿针叶树种。孤植、列植均具高度观赏价值。

清裕陵

65

(三)享受天宫地宫的艺术真谛

坛庙与陵寝建筑具有敬天祭祖的文化主题，在建筑规模和建筑艺术方面无不象征着皇权至高无上的气概。坛庙与陵寝每组建筑群既有统一的基调，又有富丽多姿的变化，既有富于变化的空间组合，又有富于构造功能的装饰艺术。坛庙与陵寝的建筑装饰具有两重作用，一是为了构造功能的需要，二是装饰的文化内涵及美的体现，而且两者完美有机地结合起来，具有很高的艺术价值。

明清是建筑装饰艺术取得重大发展并最终成熟的时代，坛庙与陵寝的建筑装饰不但类型齐全，品种多样，纹饰丰富，而且工艺水平极高，有一套十分规矩的构图套路和精细严格的操作规程，具有严谨典雅的总体风格。这不但体现在建筑群总体布局和单体建筑造型上，也体现在各种装饰做法和色彩处理方式上。更多繁密、精巧和细腻的作风，表现出皇家的风范和较高的审美品味，代表着明清建筑艺术的最高水平，在坛庙与陵寝建筑的雕饰与色彩处理上，石雕、木雕和琉璃几大类最为突出，堪称建筑艺术博物馆。

当我们走进天坛祈年殿，看到直通顶层的四根通体红色沥粉贴金缠枝莲花的龙井柱，殿内三重檐和两圈檐柱上满体镏金和玺龙凤彩绘，屋顶有极为灿烂的藻井，金碧辉煌，渲染了天的肃穆崇高，赞颂至高无上"天"的主题。当我们行进在长达7.3公里的十三陵神道上，穿过巨大的石牌坊、大红门、神功圣德碑亭、石望柱、18对石像生、龙凤门和七孔桥，沿路可以看到种类繁多、各种形象的石雕作品。当我们进到清东陵裕陵的地下宫殿时，所有券顶和四周石壁布满着佛教题材的雕刻，地宫门楼月光石上的佛像及吉祥物，地宫四道石门浮雕的八尊菩萨、门洞券两壁的四大天王、穿堂券两侧的巨幅雕刻"五欲供"，券顶的24尊佛像及金券顶部的3朵大佛花等，无不反映出陵寝静穆的气氛和敬祖的主题，真是一座石雕的艺术宝库。

坛庙建筑均为地上建筑，陵寝建筑包括地上建筑和地下建筑两部分，地上建筑中，台基、屋身和屋顶为三个组成部分，按部分分类有台基、栏杆、梁架、斗拱、屋面装饰、内外檐装饰、藻井、天花、彩画和琉璃装饰。地下建筑多为石制建筑。为了在坛庙与陵寝这座博物馆中遨游方便，我们梳理了一般建筑装饰的艺术分类，选择从龙的世界、精美的石雕艺术和豪华的彩画、木雕和琉璃装饰几方面，通过具体的艺术分析，来享受坛庙与陵寝建筑装饰的艺术真谛。

可以说，踏入坛庙或陵寝的每一座建筑中，都仿佛进到了精美的艺术殿堂。让我们静下心来，分门别类地享受这天宫与地宫建筑装饰中精湛的艺术真谛吧！

祈年殿内景

享受天宫地宫的艺术真谛

文化北京图卷 **坛庙与陵寝** 赏析坛庙与陵寝的建筑景观

1.坛庙与陵寝建筑空间形象中龙的世界

宫殿、坛庙与陵寝是明清成就最大的建筑门类，这些建筑的题材与文化主题集中体现了对封建皇权的赞颂。

在这些富于典型意义与代表性的建筑空间形象中，龙之繁富，可谓空前绝后。在屋脊、墙体、立柱、藻井、天花、门窗、台阶、栏板、望柱、影壁以及铺地、华表上，几乎到处都塑以龙像，它们或翱翔九霄，或遨游云海，泽被万方，在整个皇家建筑装饰中，简直成了龙的世界。这些龙的形象被赋予了种种象征的涵义：神圣、庄严、肃穆、威武、尊贵、勇猛，无不充满着对皇权的暗示。封建王朝的帝王，把自己比作真龙天子，于是，以龙为象征的君临天下、至高无上、绝对权威的专制意识，成了皇家建筑装饰中最主要的题材和文化主题。龙生九子，虽不成龙，但这些形象与龙有着直接的血缘关系，如驮碑的龟趺、大殿基座上的螭首等，在皇家宫苑、坛庙与陵寝中，亦经常出现。除龙以外，凤的形象也相当多，龙与凤相匹配，称为"龙凤呈祥"。"凤"象征天子的配偶，是皇后，母仪天下。

然而今天，早已离开封建时代，龙的观念也已改变，不再是神权和皇权的代表。龙本来就来自古代的图腾崇拜，几千年的古代社会里，龙的造型在无数无名艺术家的创造、加工、充实、交流中，终于成为一个具有独特民族风格的壮美的艺术形象，成为中华民族的象征。

透过龙矫健壮美的身姿、腾飞万里的气势、上天入海的威力，体现一种精神。中国人喜欢说自己是龙的子孙、龙的传人，实际上是中国人用智慧创造了龙的精神。这种腾飞的精神，正是一个伟大民族复兴的体现，这些龙的形象也被赋予新的生命，让它伴随我们伟大的民族一起腾飞吧。

天坛皇穹宇藻井盘龙彩画

石雕（华表四周围栏栏板上的雕龙）

文化北京图卷

坛庙与陵寝

赏析坛庙与陵寝的建筑景观

琉璃升龙（清帝陵龙凤门影壁上）

木雕龙（清道光帝慕陵天花板上）

2.坛庙与陵寝建筑中精美的石雕艺术

坛庙与陵寝建筑中使用的雕饰，在风格上，气度雍容内敛而不张扬，其内在张力无不令人感到逼人的皇室气魄，尤注重华丽与庄严的完美结合，总体安排颇有节制，雕饰技艺并重，更重视表现艺术上的"味道"。重视雕饰的整体感，做法上以浮雕为主，少用穿枝过梗的透剔手法，在构图中更能自觉遵循诸如对比、节奏、韵律、协调、统一等形式美规律，不但自身造型完美，更与建筑有十分妥帖的结合。明清坛庙与陵寝中的建筑石雕博采众纳，渐成定式，使用常恰得其所，其丰富的图案、繁多的技法，可谓石雕的鼎盛时期。

坛庙与陵寝的石雕作品多向大型化发展。明十三陵、清东西陵的石牌坊，其体量远超前代，制作技巧也达到惊人的高水平，坛庙和陵寝主要殿堂的御路石雕（丹陛），从构图到雕技都达到了很高的艺术水准，华表、望柱、石像生、石碑、祭台、须弥座等石雕作品，对坛庙与陵寝建筑环境所表现的文化主题都起到很好的烘托作用。这些石雕的装饰部位在建筑中更加集中，更加注重雕刻的细腻程度，技艺已达巅峰。其艺术手法，一般分为平雕、浮雕、透雕和圆雕。其雕饰的纹样有文字类、锦类、花卉类、祥禽瑞兽、寓意类、生活类等。

在明代，中国封建社会已步入落日前的辉煌，但仍呈现出彩霞般的绚烂。清代的石雕，在继承中国传统雕刻的基础上，题材更加丰富，手法也更纯熟，风格上的威严与奢华尽显帝王之气，但雕造风格却过于繁缛琐碎，缺乏表现力，其形与线的表现力更加显得羸弱。但是在这个时代，依然有许多雕塑作品不失为艺术佳品。我们将按门类细细赏析坛庙与陵寝建筑石雕作品中的艺术品味和情趣。

清东陵景陵石象背上的宝瓶

在石象头上和背上套上挽具以稳固宝瓶，整个象背上还有一块以高浮雕手法雕刻的鞯褥，图案为五爪云龙，背以行云，边底为山海。宝瓶饰浅浮雕莲瓣和莲花图案。

清东陵定东陵（慈禧陵）神道碑亭内水盘上的雕刻

清西陵泰陵石牌坊细部浮雕图案

在石牌坊压梁枋和龙门枋上雕刻同样的二龙戏珠图案,两边饰宝相花,中间隔断花板内分别饰龙凤图案。手法过于繁缛琐碎,缺乏艺术张力。

明长陵石牌坊夹杆石柱墩

柱墩四面镌刻双狮滚绣球或翔龙等吉祥图案,顶部仰覆莲座上各雕出瑞兽或麒麟等靠山兽。形象生动,刻工精美,使牌坊下部的造型更显雍容大度。

（1）神道上的石牌坊

石牌坊是整个陵寝开始的标志。明十三陵、清东陵和清西陵的石牌坊都在神道的最南端，均为五间六柱十一楼形制的石雕建筑。高耸矗立的肃穆牌坊，唤起一种庄严神圣的感受，这是由建筑形象之美激发起的审美移情。整座牌坊，不论纹饰还是作为建筑构件的斗拱、砖瓦，全是汉白玉石雕成，雕刻精美，晶莹似玉，巍峨壮观。石坊六柱的夹杆石四周，以对称形式雕刻着云龙戏珠、蔓草奇兽、双狮滚球等图案。夹杆石顶各雕有立体卧兽两个。石牌坊各个部位浮雕有龙、凤、狮、麒麟等，还雕有花草、和玺、苏式和旋子花纹，绚丽灿烂。

所不同的是，清西陵有三座石牌坊，一座南北向，两座东西向，与北面的大红门相对应，形成一个宽敞的"四合院"。这种入陵的结构形式，在历代帝陵中是孤例。

明长陵石牌坊

明长陵石牌坊，中门门洞正对天寿山主峰，其东西两侧又有龙虎二山的余脉左右蜿蜒相衬，形成了极佳的视觉效果。夹杆石上的六对形象生动的瑞兽，与夹杆石一石雕出，使本来有可能显得笨重呆板的方柱反而显得非常俊秀和华丽。

清西陵泰陵石牌坊

在规划设计石牌坊时，为呼应并强化"护北面随龙生旺之气，纳南面特朝环抱之水"的山水秀聚之势，清泰陵突破了明长陵和清孝陵仅居中建一座石牌坊的规制，左右两边还匠心独运地增设同样的石牌坊，呈品字形平面，拱掸在陵区入口前，空间敛聚效果更强，空间氛围更臻严整宏壮，与大红门构成"四合院"布局。

清东陵孝陵石牌坊

清孝陵的整个石牌坊都惟妙惟肖地仿自明长陵石牌坊，但宽高增大，为我国现存最大的石牌坊。造型精美，雕饰华美，外轮廓错落有致，挺拔高耸又通透空灵。距大红门的距离由长陵的1340米缩短到214米，"聚巧形而展势"，强化了陵区入口的庄严神圣。金星山的主峰恰收在石牌坊中。

明长陵石牌坊（局部）

明长陵石牌坊各柱墩承托着主楼、夹楼和边楼。五座主楼各雕正吻一对、垂兽四只、走兽十二只；四座夹楼和两座边楼正吻、垂兽数与主楼相同，走兽各雕八只。

明长陵石牌坊雀替

门两侧与柱子一石雕出的梓框云墩，造型古朴大方，上刻精美异常的云纹，使结构和装饰达到了完美的统一。

清西陵泰陵石牌坊（局部）

额枋及花板上，密布图案，因雕刻甚深而凹凸显著，倍显繁缛。

清东陵孝陵石牌坊雀替细部

清孝陵石牌坊雀替，三面都雕有缠枝纹图案，石雕上还保留着彩绘的颜色。

清东陵孝陵石牌坊（局部）

清孝陵石牌坊的细部雕刻虽仿明长陵，在柱头、额枋雕饰旋花彩画图案，但雕刻的风格却与明长陵有较大区别，雕工更加纤细，布局也比明长陵的要满，图案的造型也更加程式化，柱头和额枋图案处理上对比较弱，更加协调。

明长陵石牌坊夹杆石上的浮雕

雕刻技法为浮雕，构图较扁，形象动作较舒展，生动活泼，神态逼真，刀法圆浑有力，显示了明代石刻艺术的特点。

明长陵石牌坊夹杆石上的龙纹浮雕

明长陵石牌坊夹杆石上的双狮滚绣球浮雕

双狮围绕中心绣球上下翻腾，彩带舞动，遍地生风，地纹图案为十字花锦纹。

清东陵石牌坊夹杆石上的浮雕

近方形的画面上雕有五爪升龙，穿云出水，嬉戏火珠，奇兽异花，饶有生趣。形象层次感强，造型有张力，显示清康乾盛世的艺术风格。

清东陵夹杆石上的升龙浮雕

清东陵夹杆石上的摩羯龙浮雕

清西陵泰陵石牌坊夹杆石上的浮雕

　　清西陵泰陵石牌坊细部装饰构成与明陵不同，其中，前后安设的夹杆石的柱墩明显加高，顶部靠山兽相对减小，柱墩四周雕饰更别出机杼，两侧浅浮雕的缠枝纹边饰加宽，中间主题雕刻相比明陵柱石的石雕要深。明间雕作祥云五爪龙式样，次间为三爪夔龙流云图案，梢间改成麒麟青松，主体形象和周边云、树均为高浮雕，缺乏层次变化，构图和雕工都不如清孝陵丰富雄劲。

夹杆石上的浮雕瑞兽。花板上雕刻的灵芝、云纹，线条柔美流畅，给人以飘逸流转之感。

清西陵石牌坊夹杆石上的浮雕

清东陵孝陵石牌坊次间夹杆石上的瑞兽

明长陵石牌坊次间夹杆石上的瑞兽

(2)神道及石像生

在皇家陵寝雕刻中,最富有生气的石雕群就是石像生了。这些石像生遵循中国古代灵魂不灭的观念、"事死如事生"的象征,如同一列护送帝王灵魂进入地宫的仪仗队,并迎接着谒陵者的到来。

就主体陵墓的造像风格而言,如果说唐宋倾向于所雕物象的浑融气魄,强调的是形神乃至物象与周围环境的圆浑凑泊,明代雕像风格则更趋向写实,更强调一种人依附自然却又独立于自然的精神。清早期为浑融质朴,不事浮华,而到清乾隆时期,雕刻风格则纤巧过之,着意刻画细腻,注重一种装饰感、象征意义,一味地显示皇家的奢华。不过,这一时期的石像生,造型程式化特点浓烈,雕工精美。

石像生在造像内容丰富程度上,皇家是独一无二的。明长陵石像生中的石兽有狮子、麒麟、獬豸、象、骆驼、马,石人有将军、品官和功臣,共九种十八对(不包括石望柱)。清顺治孝陵石像生也是十八对,乾隆裕陵石像生八对,其他各陵均为五对。明代石像生下面都有基座,且与石像生是一石而出。而清代东西陵的石像生都立在方形仰覆莲花须弥座上,这从一个侧面反映了清统治者对佛教的崇信。从清裕陵八对及景陵五对石像生的造型和雕刻手法比较中,不难发现其创作意识和艺术技法变化的轨迹。

明十三陵全图神道部分(清人绘 十三陵特区提供)

明长陵神道

明长陵华表

华表,立于长陵神功圣德碑碑亭四隅,皆用汉白玉石雕刻而成,洁白如雪,给人以肃穆端庄之感。

明长陵神道龙凤门

享受天宫地宫的艺术真谛

文化北京图卷 **坛庙与陵寝** 赏析坛庙与陵寝的建筑景观

马

象

獬豸

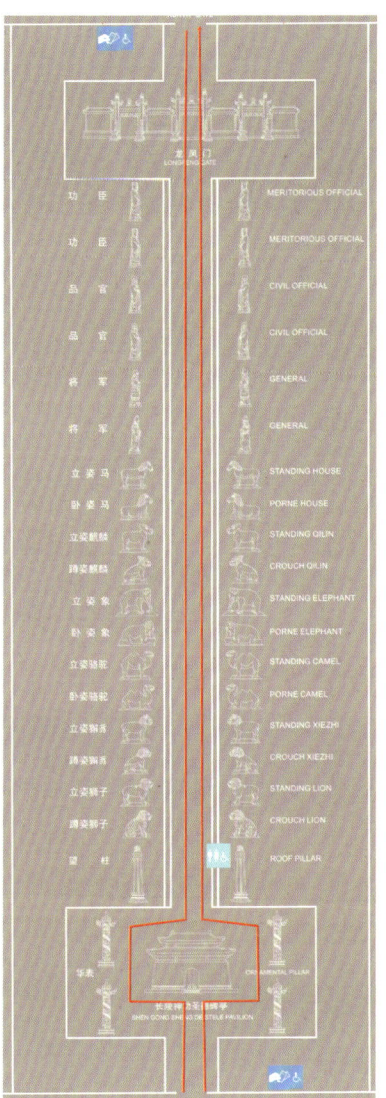

骆驼

狮子

麒麟

功臣像

品官像

将军像

将军像

狮子为皇家陵寝神道上所独有。清早期皇陵的石狮，风格接近明代，雕刻风格有几分古朴与粗犷，造型有法，到清康乾盛世，石狮形象刻画得更加细腻，更注重一种装饰感，注重象征意义。

明长陵石狮
　　虽没有唐代的雄伟霸气、宋代的威武，但凶猛的神态栩栩如生。

清东陵裕陵石狮
　　没有了孝陵那种质朴粗犷之美，却像一只被主人宠爱的小狮子狗，尾巴高高翘起。

清东陵孝陵石狮
　　古朴粗犷，造型简洁，身体矮胖敦实，虽不够磅礴大气，但显温驯憨厚可爱。

清东陵景陵石狮
　　风格较接近顺治孝陵，狮口大张，怒目前视，强调了阔口和眼部的特征，颇显雄狮的刚猛。

享受天宫地宫的艺术真谛

明长陵石獬豸

獬豸是传说中的异兽,头生一角,能辨曲直,见人斗,即以角触不直者;闻人争,即以口咬不正者。此兽象征君王能明辨是非,使国政清明。

明长陵石麒麟

麒麟马足圆蹄,角端有肉,身上有鳞片,除具吉祥含义、喻帝王之德外,更有警示君王以仁治天下之意。

清东陵裕陵的狻猊

清东陵孝陵石麒麟

浑融质朴,不事浮华,注重雕刻其内在精神。

清东陵裕陵石麒麟

虽然也有两只角和身上的鳞片,但神态却有失刚正严肃。

明长陵石象

造型没有了唐宋时期的磅礴气势,而是更贴近现实生活。雕刻简朴,但栩栩如生。石象颈部曲线下凹,将头与背分开,更接近真实的形象。腿部弯曲的皱褶、耳朵上的筋脉则恰到好处地表现出动物皮肤的质感。

清东陵孝陵石象

清代初期,石像生雕刻风格有几分古朴和粗犷,动物形象造型简洁,无任何附加装饰物或图案纹样。

清东陵景陵石象

清鼎盛时期的石像生,由孝陵的写实性雄放趋向程式化的精丽,大象原来细眯的小眼改雕成凤眼,筋脉自然的大耳变为如意卷纹,还添来了宽厚的辔带和雕满云龙图案的鞯袴,承托华丽的宝瓶,寓意康熙朝以来国家"太平有象"的盛世景象。

明长陵石骆驼

造型很写实，简洁的造型突出驼峰，耳、鼻、口和腮部均用双线勾画出形象的轮廓，眼部用三条细线刻画的双眼皮，憨态可掬。

清东陵孝陵石骆驼

沿袭了明代的风格，整体造型圆中有方，更加洗练。

明长陵石马

神态安详，性情温顺。

清东陵孝陵石马

和其他动物一样，四肢短粗近似石柱，五官刻画得很憨。

清东陵景陵石马

享受天宫地宫的艺术真谛

文化北京图卷 **坛庙与陵寝** 赏析坛庙与陵寝的建筑景观

佩剑执瓜将军像（局部）

佩剑执瓜将军像

双手相抱将军像

将军像背面

享受天宫地宫的艺术真谛

坛庙与陵寝

赏析坛庙与陵寝的建筑景观

品官像（局部）　　　　　功臣像（局部）

品官像

明长陵神道上的将军像

明长陵神道上的石将军有佩剑执瓜将军一对，有佩剑且双手相抱将军一对。其造型注重人物内心性格的差异，将军虽身披铠甲、执瓜佩剑，但不一味突出威猛，有着儒将特征。

明长陵神道上的功臣与品官像

长陵石像生中有头戴笼巾和梁冠的官员各两对。其中，在梁冠外另加笼巾（貂蝉冠），成方形，耳外侧下垂而向外翘起者为功臣。另外两对只戴梁冠无笼巾者为一品官。品官均身着右衽长袍，足蹬云履。石像生衣纹匀净而柔韧，宛若线描中的"高古游丝"。

石像生表情细腻，有的口角微张，表现谏臣的耿直，有的面带微笑，表现久经官场的豁达与智慧。

品官像背面

品官像侧面

享受天宫地宫的艺术真谛

清东陵孝陵石像生武将

清东陵裕陵石像生将军

清东陵孝陵石像生武将正面铠甲中的装饰图案

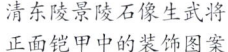

清东陵景陵石像生武将正面铠甲中的装饰图案

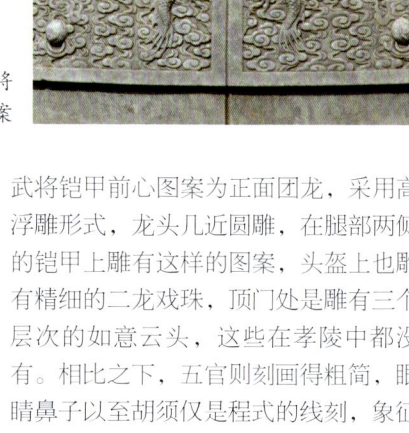

清东陵裕陵石像生将军铠甲中的圆形团龙图案

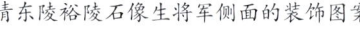

清东陵裕陵石像生将军侧面的装饰图案

清代初期顺治孝陵石像生，文臣武将的服饰为典型满族样式，在中国历代帝王陵墓石像生中独树一帜。文臣武将的服饰均为浅浮雕形式刻出，人物形象是方面大耳，面带笑容。五官刻画较为简单，是一种象征性的处理。

清代鼎盛期乾隆裕陵石像生，石雕文臣武将也变得文质彬彬，朝服宽大华丽，服饰上的细节如龙纹由四爪龙改为五爪龙，十分真实地反映了清代朝服制度的演变。文臣手捻朝珠，胸前补子浮雕云鹤，袍服下摆二龙戏珠均比清初孝陵更趋于精细、繁缛。

武将铠甲前心图案为正面团龙，采用高浮雕形式，龙头几近圆雕，在腿部两侧的铠甲上雕有这样的图案，头盔上也雕有精细的二龙戏珠，顶门处是雕有三个层次的如意云头，这些在孝陵中都没有。相比之下，五官则刻画得粗简，眼睛鼻子以至胡须仅是程式的线刻，象征性地表现其位置。

享受天宫地宫的艺术真谛

文化北京图卷
坛庙与陵寝
赏析坛庙与陵寝的建筑景观

清东陵孝陵石像生文臣正面（局部）

清东陵景陵石像生文臣正面（局部）

清东陵景陵石像生文臣袍服下摆的二龙戏珠图案
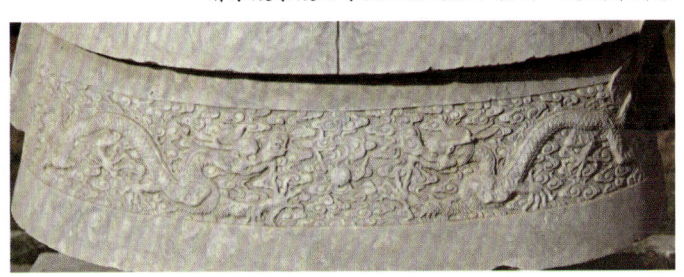

清东陵孝陵石像生文臣

清东陵景陵石像生文臣（局部）

85

（3）殿堂台阶踏跺的丹陛石

古人称台阶为"陛"，而宫殿台阶往往饰为红色，故名"丹陛"，后世虽不再髹以红色，但延续了"丹陛"之称。在皇家坛庙与陵寝建筑的重要殿堂的踏跺中间，随着踏跺坡度铺着巨石雕刻，称为御路石或丹陛石。数量随台基层数而定，具有等级标志作用，最高等级的皇家建筑为三层丹陛石，一般为一层。丹陛周边用浅浮雕雕着连续的卷草图案，上面雕着云气纹，中间雕着主题图案，下端为海水江崖，整个丹陛雕得活灵活现。丹陛石在古建筑中起到装饰作用，因建筑的功能不同、时代及帝王的观念不同而有所差异，其艺术风格各有特点。

天坛祈年殿丹陛石

天坛祈年殿为封建时代最重要的祭祀礼制建筑，其规制为最高等级的三层丹陛。丹陛石的主题图案分别为龙（上）、凤（中）、云（下），均以卷草纹图案为边框，下部衬海水江崖和云纹为装饰。正、背面各有一组。

天坛祈年殿丹陛石（上）

主题图案为双龙戏珠，双龙左升右降，戏以火珠。龙的造型略显臃肿，缺乏精气神。

天坛祈年殿丹陛石（中）

主题图案为凤，双凤左升右降，扭动的双翅配以摆动的凤尾，形成在构图中旋转的动势，几组祥云安排其间，构图很疏朗。

天坛祈年殿丹陛石（下）

主题图案为云纹，五个云朵组成一个祥云纹样，呈四方连续的构图，雷纹铺满衬底。

享受天宫地宫的艺术真谛

太庙正殿丹陛石（上）

太庙上层丹陛石构图为升降双龙，左升右降，其余空间布满祥云，形象并列，互相不重叠。龙体扭动和四肢组成升降的姿态，很有张力。再配上舞动的鬃毛，更增强龙的精气神。

太庙正殿丹陛石（中）

太庙中层丹陛石构图上下两头分别雕刻江崖海角和宝山祥云图案，中间是双狮戏绣球，两狮一前一后，前狮回头顾盼，绣球在中间，飘带向四个方向放射状飘动，富于动感。

太庙正殿丹陛石

太庙为三层丹陛石规制。上层为二龙戏珠图案，中层为双狮戏绣球，下层为奔马戏浪图案。龙、狮、马的形象寓意帝王祖先具有龙的血脉、狮的勇敢与霸气、马的勤劳与坚韧。

太庙戟门丹陛石

太庙戟门丹陛石图案囊括了太庙大殿三块丹陛石的全部内容，上为升降行龙，中为双狮，下为奔马。

太庙正殿丹陛石（下）

太庙下层丹陛石中心图案为三组两两相对的奔马，马的鬃毛随风向后飘动，姿态各异。石雕上交错的水纹、激起的浪花，构成轻快跳动的节奏和韵律。马的形象出现在太庙丹陛石图案中，是依《周易·说卦》"乾为马"之说，与"乾为天，为君，为父"之说相符，反映了古人敬天尊祖的传统观念。

文化北京图卷 坛庙与陵寝 赏析坛庙与陵寝的建筑景观

享受天宫地宫的艺术真谛

文化北京图卷

坛庙与陵寝

赏析坛庙与陵寝的建筑景观

明长陵祾恩殿丹陛石

明长陵祾恩殿前的丹陛石为三层，上层、中层同为二龙戏珠图案，下层为双龙双马图案，上面是腾飞于云雾中的双龙，下面是踏波疾奔的双马，飘逸的马鬃马尾以及马蹄下的漩涡水纹，生动地刻画了奔跑的速度，在石雕底部雕刻的五座宝山衬托下，动静结合，更增强了整幅画面的动感。马的形象用于陵寝丹陛石的图案，在明清陵寝中是孤例，与太庙丹陛图案寓意相通。

明景陵丹陛石

明景陵丹陛石，其上两条龙对称排布，一升一降，首尾相顾，体态矫健而灵动。双龙须发飘动，俨然若生。整个衬底为万字云纹，铺在龙体下面。雕刻手法浑然无滞，将云中蛟龙表现得淋漓尽致。

明长陵祾恩门丹陛石

享受天宫地宫的艺术真谛

文化北京图卷 **坛庙与陵寝**

赏析坛庙与陵寝的建筑景观

明德陵丹陛石

明定陵丹陛石

明定陵丹陛石，采用高浮雕。下部为江水与山石，上部是祥云缭绕的龙凤，地纹为线刻的回字纹图案，雕工十分精细，几近圆雕。在龙凤形象的处理上，凤的身体过于肥胖，减少了轻灵飘逸之气，龙的身体过于浑圆，似蛇而少了龙的神气。其艺术成就逊色于长陵丹陛石。

明永陵丹陛石

明永陵丹陛石，规模小于长陵，而大于献、景、裕、茂、泰、康六陵，其雕刻代表明中期的风格。龙凤戏珠的主题构图很丰满，边框与海水江崖及云纹安排得匀称，采用对称的处理，形象用浅浮雕和高浮雕的技法，层次安排也较恰当。

明献陵丹陛石

89

清东陵孝陵丹陛石

龙凤形象扭动的幅度大，富于张力，韵律性强；海水江崖中的海水波涛汹涌，拍打宝山石激起高高的浪花。这些都反映出清早期统治者的精神状态和社会现实。

清代陵寝的丹陛石沿袭明制，雕刻的内容与明代基本相同，但艺术风格与明代在构图、形象造型及雕刻技法上都有明显差异，总之更强调装饰效果。构图下部云尾呈垂直上升状，云纹、海水江崖纹及主题龙凤图案分割清晰。清代不同时期的陵墓丹陛也因政治、经济、国力兴衰及墓主人艺术追求不同而产生差异。从雕刻技法上分析，丹陛融合浅浮雕和高浮雕的技法。边框蕃草改为浅浮雕，龙凤山石云水纹用高浮雕表现。顺治孝陵丹陛石雕工细致，画面大气，乾隆裕陵丹陛石雕工精细，造型优雅，道光慕陵丹陛石雕工粗糙，形象无神，慈禧定东陵丹陛石则全部采用高浮雕，甚至透雕，其凤上龙下及所有形象，体现了墓主人的极尽奢华和极度的权力欲望。

清东陵景陵丹陛石

享受天宫地宫的艺术真谛

文化北京图卷 **坛庙与陵寝** 赏析坛庙与陵寝的建筑景观

清东陵昭西陵丹陛石

清东陵裕陵丹陛石
　　龙凤的造型丰满，显得悠闲，缺乏左右横向张力。海水江崖图案层次感强，疏密对比到位，雕工精细。反映了康乾盛世的审美观。

清西陵慕陵丹陛石
　　龙凤身体曲线松懈，缺乏紧绷力度。造型粗糙，显得笨拙，海水江崖虽富装饰性，但宝山石及水纹、云纹都显呆板，缺乏活力。反映了道光朝日渐衰落的境况。

享受天宫地宫的艺术真谛

清东陵景陵皇贵妃园寝丹陛石

皇贵妃园寝埋葬着悫惠和惇怡两位皇贵妃。她俩是康熙帝的妃子，乾隆帝年幼时被康熙帝接进宫中，得到两妃的提携照顾，乾隆帝感念不忘，意欲为两太妃千秋之后另建园寝，于是建造了一座等级规制最高的妃园寝。在享殿月台前添置了一块"丹凤朝阳"丹陛石。丹凤振翅昂首，口衔灵芝，昂日寒云，立于崖石之上。上有祥云朵朵，下衬海水江崖，周缘饰以蔓草、艾叶、梅、兰之属。祥云缓缓上升，与静立昂首的凤鸟形成鲜明的动静对比，整幅画面气氛宁静祥和。清代妃园寝安设丹陛石仅此一例。

清东陵定东陵隆恩殿前丹陛石

在古代帝制社会中，龙是皇帝的象征，尤其在皇陵这种规制森严的地方，龙总是在上位。而慈禧陵中的丹陛石上，却是凤在上龙在下，这位清末中国命运的实际掌控者暗将"乾坤扭转"，是慈禧专政的"石录"。此丹陛石在雕刻工艺上采用高浮雕加透雕的手法，尤其是龙头部位，近乎圆雕，龙腿、尾、须部，凤嘴、冠、腿部有10余处透雕，主体感强。蛟龙蜿蜒隐现于云海之中，丽凤的尾羽也被半遮半掩，云气流畅，雕刻层次丰富。但过分地追求奢华反而降低了石雕的艺术水平，近乎俗气，不够高雅。

享受天宫地宫的艺术真谛

天坛斋宫丹陛石

　　天坛斋宫的丹陛石边框及立体画面均为云纹。斋宫是帝王祭天时的住所，号称"天子"的皇帝在上天面前也只能"称臣"，不敢以龙自居，丹陛只能装饰云纹。数层排列整齐的云朵，云头与云尾交错连接，形成优美的曲线，生动刻画出云气上升的飘动感。与宝山下的细线水纹形成疏密对比，更显云气的轻盈。

先农坛庆成宫云纹丹陛石

明茂陵丹陛石

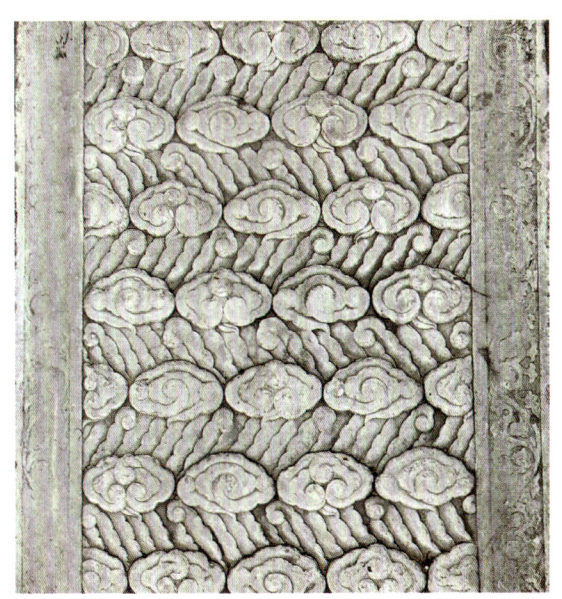

历代帝王庙丹陛石

　　构图中有山石、海水和云气纹。云纹占画面主体，底部为海水江崖边框雕刻蕃草纹，下方宝山底部并列排着七朵祥云。七排团形云朵和七排方向相反的斜形云纹交插排列，布满正面，表现云气升腾的动感。

清西陵大红门丹陛石

坛庙与陵寝 — 赏析坛庙与陵寝的建筑景观

文化北京图卷

93

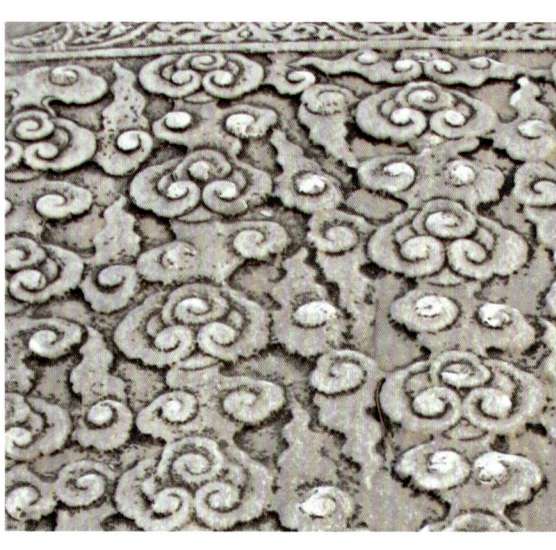
明泰陵丹陛石上的如意形云纹

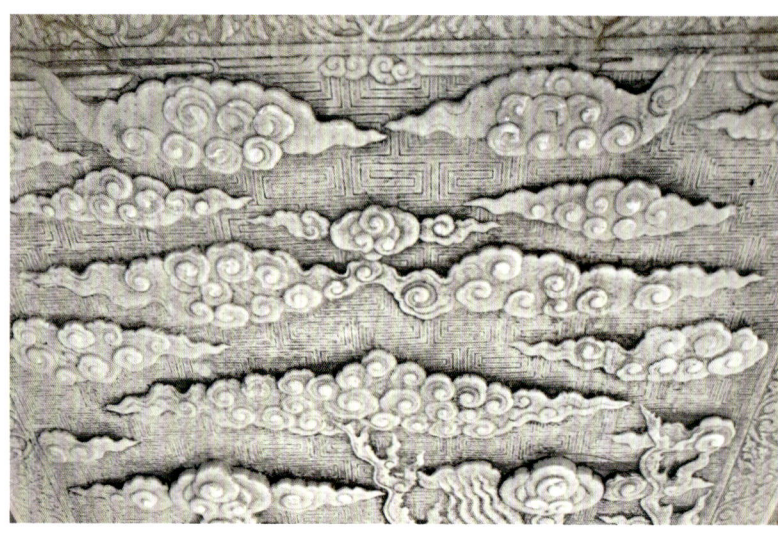
明永陵丹陛石上的云纹

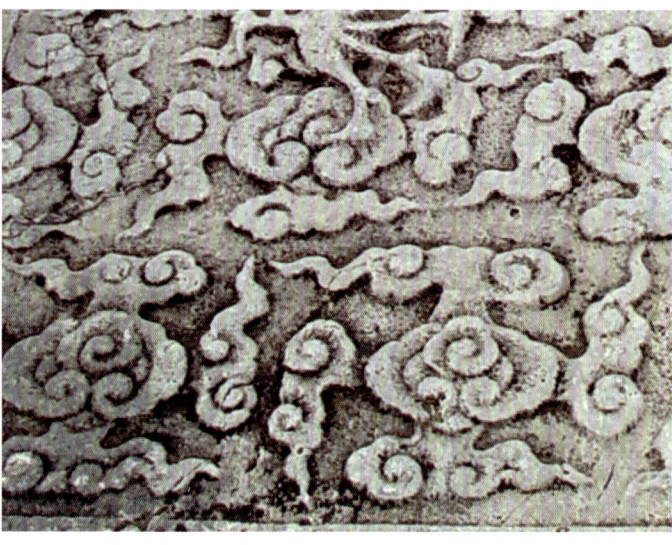
明景陵丹陛石上的"卍"字形云纹

明康陵丹陛石上的云纹

明昭陵丹陛石上的云纹

清东陵裕陵丹陛石的云纹整齐地高出一层台阶，增强画面的装饰性。

享受天宫地宫的艺术真谛

明定陵丹陛石的边框采用对称缠枝蕃草纹饰，为浅浮雕。缠枝的梗与叶造型不同，形成曲线之间的对比。

清西陵慕陵丹陛石的边框

清东陵景陵双妃陵丹陛石的边框

清东陵景陵丹陛石的边框，缠枝的梗与叶均用同样的弧线，形象平面处理，强调外形的曲线，效果清晰协调。

清东陵定东陵（慈禧陵）丹陛石上部的边框增加了团寿字，两边蝙蝠分别叼着石榴、佛手和桃。

下图是清东陵定东陵（慈禧陵）丹陛石其他三边的边框上用高浮雕手法雕刻的缠枝莲，枝上点缀着数十个宝相花。花头呈圆形，立体感强。花梗上还缠着须枝，蕃叶卷曲。

享受天宫地宫的艺术真谛

丹陛石上的海水江崖纹饰

海水江崖寓意江山永固,安排在整个丹陛石构图的下部,是构图的重要组成部分。

明长陵丹陛石上的海水江崖为宝山纹和海水纹,也是浅浮雕掀阳的手法,将形象的边缘微微掀下,使形象具有凸起的效果。

清陵丹陛石海水江崖中的两层云朵下面,连接拉长的云尾,增强云气蒸腾的上升感。与明代有显著的区别。

明定陵丹陛石上的海水江崖

明定陵丹陛石上的海水江崖中宝山与岩石为高浮雕,云纹分两层,水纹为高浮雕与线刻相结合。共三段,占整个丹陛面积的二分之一。

清东陵景陵丹陛石上的海水江崖

"S"形上升的云尾与云团相连,鳞状的水纹与宝山石翻起浪花。这幅海水江崖图比较内敛、安静,云气绕山石,海水波澜不惊,祥云缓缓升腾,象征着时局稳定的盛世情景。

清东陵裕陵丹陛石上的海水江崖

云层与宝山及水纹形成一条明显的横线。水纹与宝山石两侧分别激起两组浪花,山石外形简洁,向内几层丰富了山体,石头表面的空白与水纹平行的细线形成疏密对比,整体画面宁静雅致,是清盛世顶峰的表现。

清西陵泰陵丹陛石上的海水江崖

清西陵泰陵的宝山与云纹、水纹浑为一体，整体感强，海水波涛汹涌，拍打山石激起浪花。山体造型简洁挺拔。上有祥云缭绕，云尾曲线富有韵律。

清西陵慕陵丹陛石上的海水江崖

云纹因云尾缩短，由前几朝的一组改为上下两组，减少了云气升腾之感。宝山石由顶部带尖、两侧刀状形体组合而成。虽然山石缝隙里有一些口吐仙气的蜥蜴穿插其间（这是萨满教中的一种吉祥物）口吐祥云，十分可爱，但因山体过大、又粗又矮，缺乏精气神，海水外形与山体相似，显得粗笨沉寂，整个画面缺乏活力。无论是雕工还是造型都感觉粗糙无神。

清东陵定东陵（慈禧陵）丹陛石上的海水江崖

海水江崖在整个丹陛石构图中的比例缩小了，宝山石占满了这段构图的整个空间，云纹位于三座宝山石山腰，像锁链一样锁住三座山，前朝修长的云尾也变短，从两座山之间伸出来连接云头。水纹呈两排安置在宝山之间和云层之上，水纹与浪花由中心向外流动。在宝山石缝隙间雕着不同的叶子。宝山为高浮雕，其余形象均为浅浮雕，与丹陛石整体雕刻风格完全一致，倍显臃肿。

丹陛石上龙的造型

把明清两代丹陛中龙的形象单独抽出来集中比较发现，龙的形象被刻画得淋漓尽致。龙身体的动态，四肢动作的配合，龙头动作及表情的刻画，龙角、鬃毛、鳞片及背鳍的细部描写，其艺术处理手法有浅浮雕、深浮雕，甚至圆雕等。不同时代龙的形象体现了各个时代的审美取向，欣赏起来十分有趣。

天坛皇穹宇丹陛石上的双龙

双龙为升龙与降龙对角形均衡式构图。均为高浮雕，升龙垂直盘升，头四分之三侧面，眼、鼻、口近似圆雕，张嘴露出牙齿和舌头，龙角和鬃毛顺势向后，龙的神态很凶猛。这是丹陛石中最精美生动的龙的形象之一。

太庙上层丹陛石上的龙

这层为双龙，升龙与降龙两龙头对视，两龙身升降扭动，四肢分别伸向四个方向，五只龙爪牢牢抓住云朵。两龙鬃毛与龙头视线一致，向中心集中，加强双龙在视觉上的联系。

明长陵丹陛石上的龙

升降双龙身体扭动的曲线造型力度劲道，伸展优美。头颈与胸曲线折度紧密，与抓云前肢构成腾飞前亮相的静止瞬间，造成动态的张力。此龙传达出的"神"充满霸气。

明定陵丹陛石上的龙

定陵丹陛石的龙雕工十分精细，几近圆雕，形象处理上身体过于圆浑，减少了轻灵飘逸之感，似蛇而少了龙的神气。

清东陵孝陵丹陛石上的龙

龙身体扭动的幅度最大，"S"形在身体各部分不均匀，形成疏密对比、松紧对比，韵律感强，头颈部分与身体前半部形成"3"形曲线，与尾部扭动的"3"形曲线有大小松紧的对比；身体中段稍直，但靠近后腿部分立刻弯曲收紧，又是松紧对比。鳍随身体扭动或隐或现，增加龙体盘旋升腾的感觉。龙头的视线与龙体动态协调，又紧视火焰宝珠，这种神态的描写，使龙更加威猛、传神。

清东陵定东陵（慈禧陵）丹陛石上的龙

龙身体尽量收缩成团，龙尾在头部左下方，头仰视对着凤头，四肢伸向四方紧抓云朵，云纹覆盖着龙体大部分。所有形象都是高浮雕。圆浑的龙体，尽管精雕细凿，鳞片龙鳍都清楚地表现，但龙体弯曲得像一条肉虫，缺乏生气，整个画面让人感到束缚、闷气。虽然石雕技术高超，但追求奢华繁复的艺术风格，正是清末期社会的映照和慈禧本人的审美取向。

清西陵慕陵丹陛石上的龙

龙的左一腿被压在身下，身体弯曲的韵律相似，形成的曲线松懈，趋势上下竖直，没有形成左右横向的张力，龙体像蛇一样弯曲摆动向上窜游，龙爪造型柔软无力地趴在云朵上，毫无力度，龙背鳍的造型粗糙，鳍峰排列松散。总之，整个龙体显得懒散，缺乏活力。

(4) 华表与望柱

华表

明长陵华表

从明长陵开始在神功圣德碑碑亭四隅添建了华表，华表下设八边形仰覆莲须弥座，枋子和束腰镌刻行龙。华表下端雕山崖，八棱表柱旋绕祥云腾龙，上部横伸出云版，顶端圆形仰覆莲圆盘上是昂首向天的蹲龙。质地洁白的华表，造型轻灵，雕饰精丽，充满了向上的动势。

清东陵孝陵华表

清孝陵华表，依照明长陵华表的结构和装饰的内容建造，但八棱形表柱比明代更显粗壮有力，气势雄伟。柱身为浮雕盘龙云柱，相比云版及仰覆莲圆盘比较小，纹饰均为浮雕，但所雕纹饰表面处在同一层次平面上，使柱身保持有一种整体感，这是孝陵雕刻一个显著特点。

明长陵华表

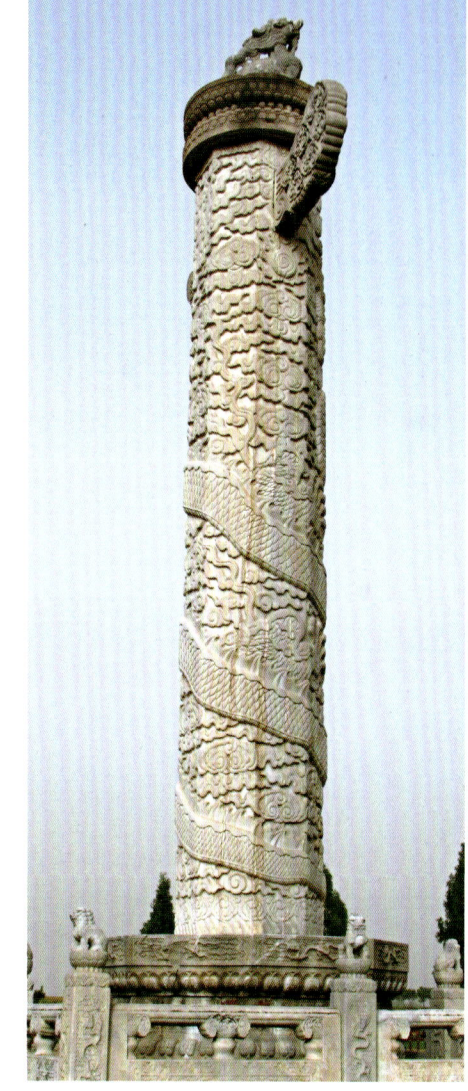

清东陵孝陵华表

明长陵华表上的蹲龙（俗称望天吼）

清东陵华表上部伸出的云版

望柱

明长陵的望柱与唐宋以来的望柱不同，莲瓣柱础改为须弥座，柱身由八棱改为六棱，缠枝宝相花雕式改为祥云，石榴柱头式、莲花柱头式则改为三层束腰云盘承托的圆柱形云龙顶。这样，望柱的竖向造型既富于变化，又具有较强的韵律节奏感，整体形象也更硕壮有力。

清初，孝陵望柱柱身满刻云纹，云纹较浅，柱头上的蟠龙纹雕刻得较浅，整体纹饰端庄，而到了景陵、裕陵时望柱上的浮雕较深，视觉效果更强烈，两处陵寝的雕刻手法虽略有差异，但柱身纹饰都不失端庄，刀法娴熟，整体形象挺拔俊秀。

明长陵神道上的望柱

清东陵裕陵神道上的望柱

整体造型更显粗壮，柱体下部浮雕宝山，其他部分为数圈横排的云纹，与明代有明显变化。

清东陵裕陵的望柱头细部

清东陵孝陵的望柱头

(5)栏板与望柱

坛庙与陵寝古建筑多环以石栏，栏板、望柱俱饰雕琢，而以望柱最为考究。天坛望柱雕饰有石榴头及云龙柱头两种。石榴头望柱多用于斋宫御河桥。云龙柱头造型深琢浮云，层层叠叠，绵绵不绝，而蛟龙腾于浮云之上，绕柱而游，极为生动。

天坛祈年殿月台上有三层白玉石栏和望柱

祈年殿上层出水为龙纹

祈年殿中层出水为凤纹

祈年殿下层出水为云纹

石雕螭首

祈年殿出水

天坛圜丘祭坛、皇穹宇、祈年门、祈年殿、斋宫月台上皆有出水之设，用于排水。天坛各处出水大多雕成龙形，唯祈年殿出水第一层为云纹，第二层为凤鸟形，最上层龙的形象完整显现，凌空御风，赋予须弥座以神奇的色彩。精雕细琢，纹路分明。

太庙的石栏和望柱

太庙前殿月台须弥座有三层汉白玉护栏环绕，三层护栏下宽上窄，与大殿外形构成梯形，使大殿更加稳重庄严，望柱头雕龙凤纹。

天坛圜丘石栏和望柱

祈年门栏杆的望柱头　　　　　天坛斋宫栏杆的望柱头

明定陵祾恩门的石栏和望柱

太庙护栏上的望柱头

太庙护栏与台阶的望柱头，龙纹与凤纹呈交替式排列，龙凤均盘旋在云朵之上。形象为高浮雕，酷似线刻，增加了画面的层次，造型丰满精致。

清东陵定东陵（慈禧陵）隆恩殿前石栏与抱鼓石

一般在抱鼓石上很少雕刻图案，而慈禧陵的抱鼓石上则雕刻着一只展翅欲飞的凤，立于山石之上。俯首下看，鼓面下方有一条龙在海波上穿云飞腾，仰望上面的凤。望柱柱头一律雕刻翔凤，柱身内外两面各雕刻一条昂首的升龙，注视着柱头上的凤。龙的下面是海水江崖，雕刻手法为高浮雕。

清东陵定东陵（慈禧陵）隆恩殿四周石栏与望柱

慈禧陵大殿周围的69块栏板上雕刻着"龙凤呈祥"的图案。这些图案的构图没有采用传统的龙凤相对的形式，而是凤在前飞，回首顾盼，龙在后面紧紧跟随，龙凤在云朵中穿行，龙凤的下面是海水江崖。采用高浮雕形式。全部形象都雕刻得极为精致，龙凤身上的羽毛、鳞片、鬃毛一丝不苟，但整体造型缺乏力度。

清东陵孝陵华表须弥座及石栏与望柱

清孝陵华表柱身下设八角须弥座，每一面都刻有龙纹，或升龙或行龙戏珠（行龙前有一光珠）。华表外设石雕栏板、狮子头望柱，柱身雕升龙纹，栏板上两条龙都朝一个方向行进，火珠在最前边，后一条龙向前追赶，前龙则回首顾望，画面颇具动感。

清东陵裕陵玉带河拱桥的石栏与靠山龙

乾隆裕陵在陵寝门前玉带河上建有三路一孔拱桥，每座桥桥面两边安装石栏，龙凤柱头。桥栏杆的两端改变传统的抱鼓石形式，而是每端各雕一只蹲坐昂首的靠山龙。麟、蹄、鬃、嘴诸部位雕刻得十分精细，栩栩如生。

享受天宫地宫的艺术真谛

文化北京图卷 坛庙与陵寝

赏析坛庙与陵寝的建筑景观

（6）券门

清东陵定东陵（慈安陵）小碑楼门洞券脸石雕

慈安陵小碑楼四个门洞券脸上，均雕有九朵缠枝莲花，在下肩相同的地方，共有八块内容各不相同、寓意吉祥的石雕。这组浮雕装饰性强，主题突出，寓意深远，是高浮雕中的石雕精品。

太狮少狮

南门券脸石左雕雄狮戏球，门右为雌狮教子。雄狮身披绶带，精神抖擞，雌狮身裹彩带，嬉戏活泼。狮为兽中之王，取避邪之意。太狮少狮与官阶太师少师谐音，取吉祥之意。

清东陵定东陵小碑楼门洞券脸石

富贵春风

东门券脸石左雕凤凰戏牡丹，门右为孔雀梅花。凤凰、孔雀均为鸟中之王，牡丹寓意富贵，梅花象征春光，故有富贵春风之意。

七级浮屠

西门券脸石左雕奔马、太极图，门右雕麒麟、图书。麒谐"七"，极谐"级"、马奔跑在水上为浮，图书之图与"屠"谐音。七级浮屠即七级塔，寓意功德无量。

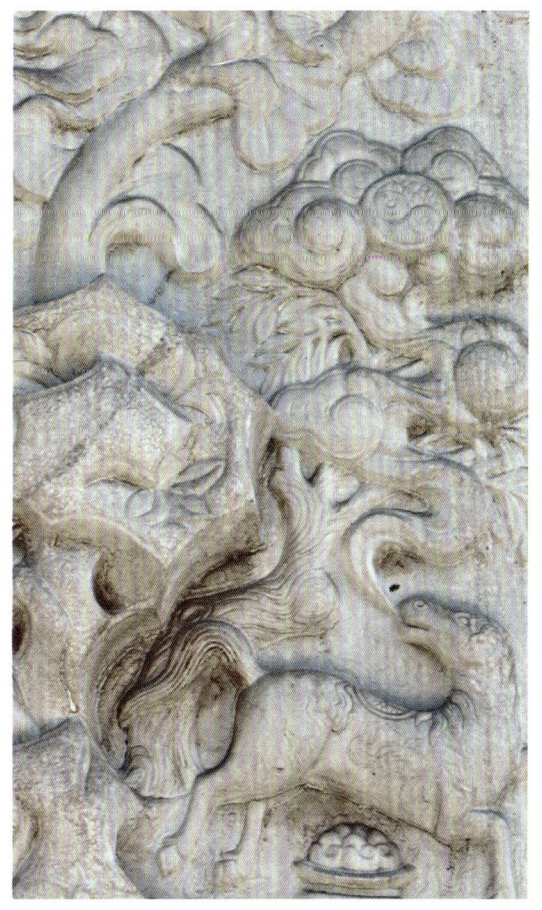

六合同春

北门券脸石左雕松树梅花鹿，门右雕仙鹤松树。鹿谐音"六"，鹤谐意"合"，六合指天、地、东、南、西、北，松树常青亦称长春。"六合同春"寓意普天之下太平盛世。

享受天宫地宫的艺术真谛

坛庙与陵寝

赏析坛庙与陵寝的建筑景观

文化北京图卷

(7)石碑

在历代帝王庙景德崇圣殿月台两侧和大殿两侧各有一对碑亭,内立有清雍正皇帝和乾隆皇帝御制碑。在皇家陵寝神道上有神功圣德碑碑亭,在方城上有圣号碑碑楼,即明楼。神功圣德碑碑亭是神道上的主要建筑,亭内有巨石台基,上雕寿山福海,其中四角雕鱼鳖虾蟹图案,中卧巨型石雕赑屃,背驮记述皇帝一生功德业绩的石碑。碑首为六盘龙,碑额刻皇帝神功圣德碑的碑名,石碑十几米高,巍然矗立。在方城顶上建有圣号碑碑楼,是陵寝最高的建筑,楼内有圣号碑(朱砂碑)一通。碑座为须弥座,游龙浮雕,涂有五彩,碑身以朱砂涂面,碑首雕有盘龙,碑身正面刻有皇帝的庙号、谥号。

清东陵景陵圣德神功碑,因碑文太长,立双石碑,分刻汉满两种文字。

历代帝王庙景德崇圣殿东侧的乾隆御制碑

明定陵明楼内圣号碑

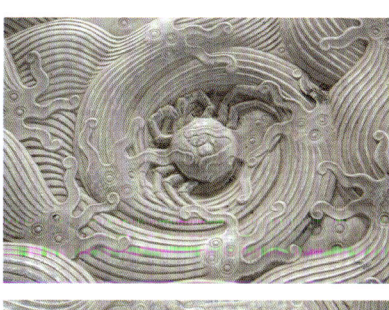

清西陵泰陵圣德神功碑亭内水盘四角的鱼鳖虾蟹

清东陵景陵的神功圣德碑下的水盘四角没有雕刻鱼鳖虾蟹，只是四个水漩涡。

明长陵龙趺碑

在明长陵祾恩门左侧有一龙趺碑亭，重檐歇山顶，木构架，内施天花，明嘉靖二十一年（1542年）建。亭内石碑造型别致，碑首为一头探出碑外的盘龙，碑趺是一个龙头龟体遍身鳞甲的神兽。明代时碑上无字，清代镌刻了清顺治帝保护明陵的谕旨和乾隆、嘉庆二帝有关十三陵的御制诗。

清东陵孝陵神道碑亭水盘上雕刻的鱼鳖虾蟹

明长陵龙趺碑座（局部）

(8) 石五供

石五供是象征性祭器，包括下边须弥台座，均为石雕。石五供中间是三足圆鼎香炉，两边是烛台和花瓶。五供遍饰纹样，下边须弥座，上枋、下枋、上枭、下枭和束腰部分都雕满不同含义的纹饰。

明代陵墓的石五供石雕质朴而不繁缛，显得器物古朴凝重。

清代裕陵增加石五供的纹饰雕刻和紫砂石嵌件。五件器体上均雕刻兽面纹或万蝠流云纹。须弥座上也满饰纹样，除仰覆莲瓣和宝相花外还增加了八宝纹及佛八宝等吉祥纹样。

明定陵石五供

石五供中香炉和烛台雕刻的图案与长陵相似，香炉盖底沿雕一圈祥云，海水江崖安排在盘龙两侧和龙爪底下，盘龙的身躯、前爪和放射状的鬃毛都很有张力，烛台雕饰数层祥云，花瓶素身，只在瓶口线刻回纹。

明思陵石五供

明思陵是末代皇帝朱由检的陵墓。他死后埋在贵妃田氏墓中，清顺治时才定陵名。其石五供有两套，形制独特。前面一套由香炉1件、烛台2件、花瓶2件组成，均满饰浮雕图案，而且均有独立的案座。香炉雕成方鼎状，器身雕饕餮纹。烛台四面都雕有人物图案。花瓶的腹部和顶部略呈圆形，后面一套由供案和供果组成。祭案的案端作翘头式，案面浮雕绳纹，下作闷户橱形状，保留明式家俱线脚优美、造型雄浑大方的特点。案上置有石雕的供果五盘，分别是寿桃、佛手、石榴、柿子和橘子。

清东陵裕陵石五供及须弥座

香炉石雕的技法是高浮雕、平雕和线刻相结合，香炉腿上是高浮雕的狻猊，风格写实。炉身是平雕的兽面饕餮纹和流云，装饰性强，炉口和双耳是阴刻的细线回纹，很神秘。

整个须弥座雕饰细腻，各个部位都雕满佛教图案，上枋是二方连续的缠枝莲宝相花，下枋是佛八宝（轮、螺、伞、盖、花、罐、鱼和盘长），上下枭为仰覆莲瓣，束腰部分两头是玛瑙柱子，中间为莲花蕃草图案，圭角由三段如意云纹组成，每一组图案都运用平雕与高浮雕相结合的手法，形象清晰。

清定东陵（慈禧陵）石五供须弥座侧面

慈禧陵石五供须弥座各部位均雕满图案，形象占满构图，没有空间，显得拥挤。雕刻手法以高浮雕为主，上枋的缠枝莲宝相花、束腰中间的琬花结带，密不透气。下枋部分雕琴棋书画，四个图案用飘带连接，雕刻内容是佛教与世俗相结合。

清昭西陵石五供的香炉

香炉素面，炉口和双耳阴刻细线回纹，在口沿及炉体之间有一圈水泡钉装饰，三足雕浮雕的狻猊，香炉盖很独特，呈圆柱形平顶，一条盘龙在江山海水及祥云间游动，炉盖形象均为高浮雕。整个香炉装饰繁简对比强烈，有跳动的节奏，装饰感强。

清西陵慕陵石五供

清西陵慕陵的须弥座下枋图案

道光慕陵五供须弥座下枋的图案很有意思，是一组吉祥纹样的大聚会。里面有佛八宝，还有暗八仙的图案，如何仙姑的荷花、曹国舅的阴阳板、张果老的渔鼓筒、汉钟离的扇子、铁拐李的葫芦、吕洞宾的宝剑、蓝采和的横笛、韩湘子的花篮。图案中有琴棋书画，双钱元宝，双柿子如意象征事事如意。须弥座的侧面刻有口吐祥云仙气的蝙蝠，团寿图案，山石缝中露出头的蜥蜴口吐仙气，戟上挂着玉磬寓意吉庆，笔筒中插着如意，戟上挂鱼象征吉祥有余。总之，把能想到的吉祥图案都安排在石五供须弥座的下枋中了。

下枋图案局部（以下各图均为下枋图案局部）

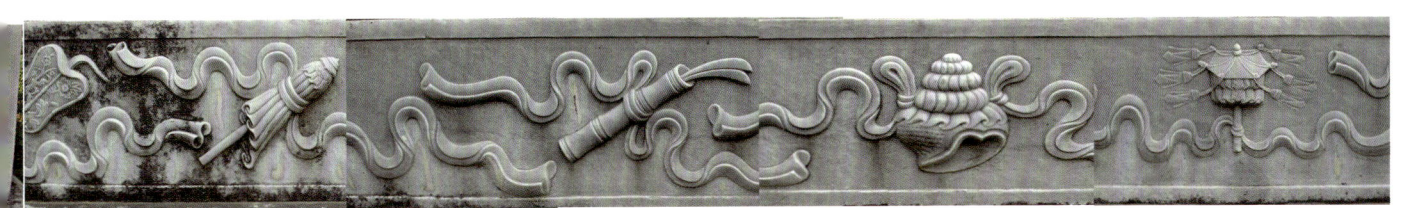

(9) 清东陵裕陵地宫

乾隆帝平生崇佛，尤其是藏传佛教，因此在他陵墓的地宫中布满了佛教题材的雕刻。地宫内佛像、菩萨造像均为藏传佛教样式，但也融合了汉地佛像的风格，呈现出一种文化融合的特点。整座地宫全部由青白石发券而成，也是仿照宫殿前朝后寝的模式，明堂券和穿堂券为"前朝"，金券为"后寝"。地宫共有九券四门，每道石门前的门楼都是用整块青白石雕琢的，出檐瓦垄，兽吻横梁。门楼上方的半圆形月光石内雕有佛像、执壶、孔雀翎、海螺等吉祥物。从第一道石门开始，饰以佛像、菩萨、天王、佛塔、八宝、琵琶、香花、珊瑚、火珠、狮子、藏文、梵文等一系列相关的佛教吉祥图案，在地宫的石门、券壁和券顶上有序地延伸。就其整体雕刻艺术特征而言，给人一种细腻华美之感，细腻的线条不绝如缕，犹如蚕丝。四道石门的八个门扇上各雕有一尊菩萨，合为八大菩萨。四大天王分居第一门洞的两侧。穿堂券两侧对称地雕刻着五欲供图。穿堂券券顶雕刻着24尊佛像。金券顶部装饰着3朵有24个花瓣的佛花，还有布满壁面的藏文或梵文的佛经咒语。据统计，裕陵地宫雕刻有佛像45尊、菩萨8尊、天王4尊、佛塔2座、八宝4组、五欲供2组、经咒文字30111个……成为一座真正的雕刻艺术博物馆。

地宫隧道券

地宫金券东西山墙月光石

地宫四分之三侧透视图（毛玮 绘）

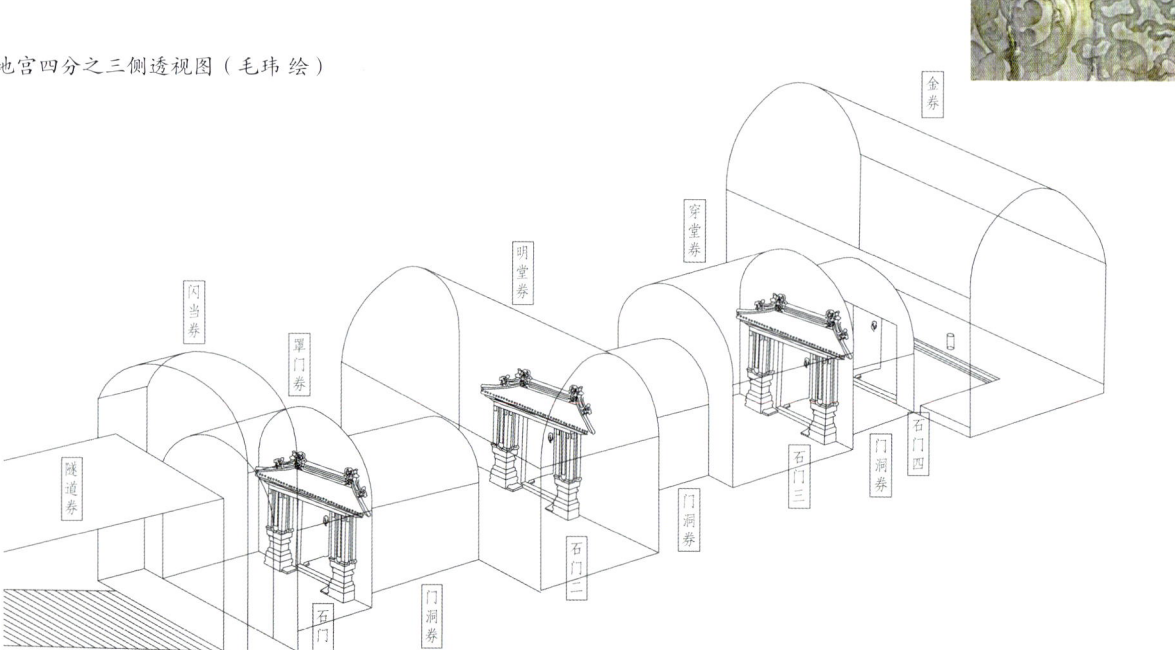

地宫金券

金券

金券是地宫最后一个券堂，也是最重要的券堂。裕陵地宫金券安放着乾隆帝及二后三妃的6具棺椁。券顶刻了3朵大佛花，外层24个花瓣。花中心是佛像，佛像周围是6个梵字。金券东西两壁上部月光石上，各雕刻一组八宝图案和一尊佛像。月光石以下墙壁上刻着藏文佛经和梵文咒语。

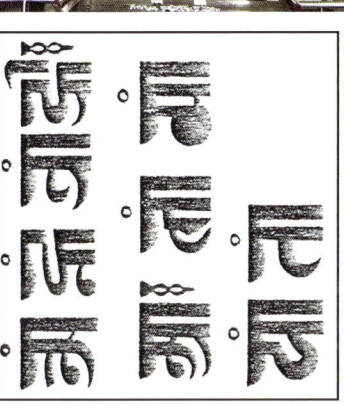

金券南壁石刻梵文

金券券顶上的佛像

金券东西两壁月光石上的石雕，中心部分由两组宝瓶、供果及一尊佛像组成，用两条弧形花纹及咒语的边框和佛八宝图案分开，最外边用花纹边框封住。构图丰满，富于节奏感。

石门及第一道门洞券

地宫四道石门的前三道有门楼。整个门楼按瓦木结构的形式,全部由石料雕成。门楼屋顶有脊吻、瓦垄、跑兽,脊以上为月光石,门口两边的门跺上部雕有梵文咒语及花瓶,门跺下部为须弥座形,束腰位置雕有法轮图案。

在第一道门洞券内,左右两侧石壁上雕刻着四大天王像。四大天王像周围雕刻着"五保护佛咒"和"二十缘咒",诵前咒能保护死去的人,诵后咒就等于佛在身边。

第一道石门楼南侧边上部的石雕

第一道门洞券南侧的月光石,雕刻周匝庄严功德佛。在月光石上还雕有执壶、孔雀翎、海螺、法杵等图案。

地宫第一道石门

第一道石门楼南侧边下部的石雕

西方广目天王

南方增长天王

第一道门洞券两壁的四大天王

西壁的东方持国天王,以琵琶为法器,守护着东方,他是乐神的领袖。南方增长天王,手持宝剑,守护着南方,他能使人善根增长。东壁的西方广目天王,右手托宝塔,左手上缠绕着一条小龙,他是群龙的领袖,忠诚地守护着西方。北方多闻大王,右手持宝伞,左手握吐宝老鼠,守护着北方。宝剑舞动生"风",琵琶弹奏需要"调",宝伞撑开能遮"雨",群龙俯首皆归"顺",组成"风调雨顺"一词,反映人们对美好生活的企盼和热爱。四大天王均为坐像。他们个个顶盔贯甲,手持法器,威风凛凛,有的相貌狰狞,如北方多闻天王,有的慈眉善目,如东方持国天王,个个刻画得生动鲜明。其造像为浮雕形式,线条刻画细腻圆润,显刚劲不足,面庞较圆平,手指柔软纤细,使天王缺少一种威猛的气势。

东方持国天王

北方多闻天王(局部)

门扇八大菩萨及第二道门洞券

在裕陵地宫四道石门的八个门扇上雕刻着八大菩萨。文殊菩萨左肩花上托的经卷可增长众生的智慧,右肩花上托的宝剑能斩断人间的烦恼。大势至菩萨左肩花上的法铃可以传播法音,右肩花上的法杵能驱散邪恶。观音菩萨右肩花上托的佛珠象征着诸佛无量。地藏王菩萨右肩花上的画卷能满足众生的无边善愿。日光菩萨右肩花上托着一轮红日,能给人间以光明。月光菩萨右肩花上托着一勾弯月,能给人间以清凉。慈氏菩萨右肩花上托的法轮,表示勇往直前,誓不退转。普贤菩萨右肩花上的降魔杵能降妖除怪。他们象征着法力无边,保佑着亡灵不受侵害。他们站在莲花座上,周身环绕着随风飘舞的缨络,慈眉善目,庄重而宁静。雕刻手法细腻华丽,无堆砌之痕,高贵但无骄奢之气,不过,线条处理较为孱弱,缺乏内在力度。

第一道石门右门扇上刻的代表大力的大势至菩萨

第一道石门左门扇上刻的代表大智的文殊菩萨

第二道石门右门扇上刻的代表大愿的地藏王菩萨

享受天宫地宫的艺术真谛

地宫第二道门洞券顶的佛塔

第二道门洞券顶佛塔上的梵文雕刻图案

第二道石门两旁雕刻的狮子驮宝瓶图案

享受天宫地宫的艺术真谛

从第一道门洞券看第二道石门楼

明堂券

明堂象征着朝宫。北壁浮雕须弥座和背驮宝瓶的蹲狮，承托莲花和金刚杵，喻大乐修行的至高境界。侧壁上部的月光石雕饰海螺、法轮、宝伞、宝盖、莲花、宝瓶、金鱼、盘长等八吉祥（即佛八宝）以及宝盆、供果。券顶是五方佛及佛花。东西南北四面墙上，以阴刻手法镌刻大量藏文佛经。

明堂券左右两壁的月光石上的雕刻

明堂券券顶雕刻着代表东、西、南、北、中的五方佛之一

从明堂券看第一道门洞券石壁上以阴刻手法镌刻大量的藏文佛经

享受天宫地宫的艺术真谛

文化北京图卷

坛庙与陵寝

赏析坛庙与陵寝的建筑景观

从穿堂券看第三道石门楼

穿堂券

穿堂券两侧石壁上精雕两组"五欲供",在宝瓶、法杵、莲花和祥云组成的宝座顶端,分别浮雕明镜、琵琶、涂香、水果、天衣。这里,借人的五官表现出五种欲念,即眼观明镜见色,耳由琵琶听声,鼻自涂香嗅味,舌借水果尝味,身由衣服得触。概括起来就是眼、耳、鼻、舌、身,色、声、香、味、触;摒弃这五欲,人即可进入极乐世界。

明镜

琵琶

天衣

水果

涂香

穿堂券券顶的24尊佛像

穿堂券券顶雕24尊佛像，坐仰覆莲花座上，偏袒右肩袈裟，但袈裟一角搭于右肩之上，双手各结不同形态的手印。佛像间饰火珠、法轮、宝杵、莲花等法物，宝相庄严。每尊佛像身后的背光都以花卉为装饰，图案丰富细腻。佛像为高浮雕，旁边花卉装饰为浅浮雕，纹样规整，作图案化处理。

穿堂券券顶24佛的佛像（局部）

穿堂券券顶正中雕刻的法轮和金刚杵

3. 坛庙与陵寝建筑中艳丽的彩绘艺术

在建筑上施以彩画能取得豪华富丽的装饰效果，是皇家建筑重要的特征之一。明清时期的彩画有严格的等级制度，皇家坛庙与陵寝各处的彩画也有严格的等级区分。主要殿宇采用的是等级最高的和玺彩画，其次为旋子彩画。和玺彩画由枋心、藻头、箍头三段组成，箍头在最外侧，用两道竖线相隔，中间画面为盒子。藻头靠近箍头，用锯齿形两道括线相隔，中间置画面，核心在两边藻头之间，居于中心，画面最大，由不同姿态的龙或凤组成，间补以花卉。旋子彩画与和玺彩画最主要的区别在藻头。藻头中心叫花心，花心外圈环以两三层重叠的花瓣，最外绕一圈涡状的花纹，称作旋子。旋子彩画的枋心有龙锦枋心、花锦枋心等。旋子彩画按各部位用金多寡与颜色搭配不同，分浑金旋子彩画、金线大点金、墨线小点金等八种。旋子彩画是坛庙与陵寝建筑中最为盛行的一种彩画，画面布局灵活，富于变化。

彩画都施在上架部位，正处在檐下的阴影中，其青绿冷色与繁丽的形象，上与大面积光亮的屋面琉璃、下与以红为主的暖色调的屋身形成鲜明对比，丰富了建筑整体形象的色彩。

明代彩画以纯净青绿色调为主，气氛宁静，风格淡雅。清代彩画的色彩艳丽华美，富丽堂皇，色相和明度反差都较大。

仰视天坛祈年殿藻井

祈年殿内四根大立柱即龙井柱上架设圈梁，梁上再立短柱和弧形小梁，其上再分别用两层斗拱挑起升高直至顶上井心。外层圆形井口天花，中间留出一个圆井，再由十二个横斗拱承托龙凤蟠结的藻井。全部斗拱天花、梁枋井口皆为青绿彩画，井口天花板内用龙纹装饰。井的龙凤为木雕贴金，色彩十分突出。

享受天宫地宫的艺术真谛

文化北京图卷

坛庙与陵寝

赏析坛庙与陵寝的建筑景观

享受天宫地宫的艺术真谛

祈年殿额枋彩画细部

祈年殿额枋彩画极其华丽，是龙凤和玺彩画，枋心和藻头均为龙凤主题，并在布局上采用交替方式，上下左右不断交换，既统一又有变化。

历代帝王庙和玺彩画

历代帝王庙景德崇圣殿檐下的彩画，为级别最高的金龙和玺彩画。纹饰都是龙，枋心不论青底还是绿底一律画二龙戏珠，青底藻头画升龙，绿底藻头画降龙，盒子画坐龙，柱顶也饰金龙彩画。椽子的飞头饰万寿字彩画。梁枋檩桁的彩画用色均以冷色为主，青绿相间，与蓝天、黄瓦、红墙互相配合，色调明快响亮。

天坛祈年门和玺彩画

天坛祈年门檐下的龙凤和玺彩画,主要纹饰是龙和凤。祈年门的龙凤形象构图为枋心是二龙戏珠,盒子为盘龙,藻头为凤,箍头为素箍头,分别用青绿色退晕组成渐变的色条,圭线内饰灵光。彩画中增加了凤,艺术气氛和象征意义都发生了变化,用在祭祀的重要殿堂。

太庙大殿旋子彩画

太庙大殿檐下的旋子彩画,采用的是烟琢墨石碾玉旋子彩画。构图分两组:一组是盒子、藻头皆为旋子,枋心是二龙戏珠;另一组盒子为盘龙,藻头是旋子,枋心为锦纹。图案中花瓣用青绿退晕,花心蔓地用金线,龙用金线,花瓣轮廓用墨色。拱垫板彩画用的是三宝珠纹样。

太庙旋子彩画

太庙檐下彩画为墨线小点金旋子彩画，在青绿的底色中点金，使色调有活跃的跳动感。

坛庙与陵寝

赏析坛庙与陵寝的建筑景观

历代帝王庙旋子彩画

历代帝王庙殿前檐下梁柱彩画为墨线小点金旋子彩画。盒子分别是宝相花和旋子，藻头为旋子，枋心为锦纹，线路及花瓣是用墨线，花心点金，拱垫板饰三宝珠火焰纹，柱子的雀替为浮雕的蕃草卷纹，也施彩画与周围的彩画相协调。

清东陵慈禧陵和玺彩画

清东陵慈禧陵隆恩殿檐下彩画。在棕色黄花梨木的梁枋上饰金龙和玺彩画，盒子分别饰宝相花和盘龙，富丽豪华。

天坛皇穹宇藻井顶心的金龙彩画

盘龙卧在圆形的藻井顶心中，正中间饰一宝珠，周围布满祥云，圆圈外一组十六个梯形天花呈放射状排列。天花的圆光内饰二龙戏珠图案，密肋和井口线都饰以祥云。祥云用红、绿、蓝色退晕手法染色，形象全部用沥粉贴金，衬在蓝绿的底色上，形成冷色调的雅致。

天坛皇穹宇的彩画

天坛皇穹宇是平时供奉昊天上帝牌位的殿堂，单层圆形，四周里外两层檐柱与金柱，柱间用弧形梁相连接，梁上安设一圈斗拱，层层向内挑出并向上升起，组成藻井，结构严谨，造型完整。全藻井没有复杂的雕刻和巨大构件。所有的井口天花、五彩斗拱、镏金斗拱的比例十分接近、和谐，并统一绘制成大点金青绿彩画，构成一幅平展的锦纹图画，韵味十足，与藻井顶心施金色的盘龙形成色彩对比。拱垫板涂以红色，与红柱互相呼应，拱垫板饰夔龙纹样，红柱饰缠枝西蕃莲瑞草纹样。都采用沥粉贴金的工艺，色彩十分华丽。

享受天宫地宫的艺术真谛

故宫奉先殿浑金旋子彩画

奉先殿是皇帝祭祖的地方，建筑采用面阔九间、重檐庑殿顶的最高级别体制。它由前殿、后殿及穿廊组成工字殿，梁枋、大小额枋均绘浑金旋子彩画，斗拱镏金，井口天花也施浑金彩画。大殿整个顶部金光灿烂，充满神秘的气氛。

历代帝王庙天花彩绘

历代帝王庙御亭内的天花彩画，方光为墨绿底色，岔角为如意祥云纹，圆光在蓝底色上有金色盘龙，燕尾为退晕的如意纹。图中颜色残旧的天花彩画是维修时特意保留的彩画原貌。

明长陵祾恩殿天花

明长陵祾恩殿是我国现存陵墓中最大的殿堂，殿内全部大柱、梁枋皆用名贵的楠木制成，井字形天花用青绿色植物叶花卉装饰，使大殿空间保持清雅色调，营造出神圣肃穆的环境氛围。

清定东陵西配殿的和玺彩画

　　清定东陵（慈禧陵）西配殿内枋、檩、柱梁、天花等均采用名贵的黄花梨木，利用红褐色的天然纹理磨光罩漆，饰以最高等级的金龙和玺沥粉贴金彩画。龙凤及寿字在彩画构图中分别安排在箍头、藻头和枋心中，所在的位置上下左右互相交换，而且大梁的三面都施彩画。千姿百态的龙纹排列在梁枋上、天花中，使大殿空间充满神圣而华贵的气氛。

清西陵昌西陵大殿的天花彩画

　　圆光内为镏金团凤纹样，岔角及燕尾均为退晕如意纹。

清西陵崇陵天花彩画

　　崇陵是光绪帝陵墓，始修于清宣统年间，民国时期完成，规格和形制都逊于前朝。天花圆光是莲花图案。岔角与燕尾均为如意云纹。

祈年殿内檐的彩画

　　祈年殿四根龙井柱和十二根金柱架起四根横梁及两个圈梁。横梁与圈梁分别安排龙凤和玺彩画，布局上采用交替方式，横梁与圈梁上下左右龙凤交替。外层圈梁与额枋的龙凤也互相交替。金柱的柱头四个盒子中分别饰一条盘龙图案。千姿百态的龙凤形象有机组织在全部彩画之中，给祭祀苍天创造了一个极为庄严神圣的气氛。

祈年殿内檐柱及弓梁上的彩画

　　祈年殿内所有部位都施龙凤和玺彩画。箍头和折线都用退晕的手法，协调彩画中红、青绿的对比色。

先农坛太岁殿内梁架上的荷叶墩彩绘

先农坛太岁殿内檐梁柱及额枋上满饰金龙旋子彩画和锦纹旋子彩画。斗拱全部镏金边，斗拱垫板上绘三宝珠火焰纹。整个大殿彩画呈暖色调，金碧辉煌。

享受天宫地宫的艺术真谛

坛庙与陵寝

赏析坛庙与陵寝的建筑景观

天坛祈年殿龙井柱的彩画

祈年殿内部有两圈立柱，中间四根十九米高的龙井柱直冲上层屋顶，与外圈十二根金柱支承的房檐高度不同而形成中间高、外环天花低的室内空间变化。象征四季的四根龙井柱施西蕃莲缠枝瑞草彩画图案，红柱采用沥粉贴金的纹饰，与红底金花及青绿藻井相配，具有强烈的装饰效果。十二根象征十二个月的金柱涂红漆，与藻井内天花及梁枋的彩画共同营造了雄伟堂皇的气氛。

皇穹宇内的金柱

皇穹宇内八根红地缠枝莲金花彩画的金柱，支撑着整个天花。金柱的柱础部分施沥粉贴金海水江崖纹样，色彩热烈华丽。

清西陵昌陵隆恩殿大柱根部为浪花中隐藏着寿山福海和鱼鳖虾蟹的纹饰，寓意吉祥。

清东陵景陵隆恩殿大柱涂金色的沥粉图案。柱础部分在海水江崖纹上面是佛八宝的纹样，轮、螺、伞、盖、花、罐、鱼和盘长的图案穿插在水纹中间。

133

4. 坛庙与陵寝建筑中华美的木雕艺术

明清建筑的木雕装饰发展到了一个新的阶段，图案题材广泛，技法丰富，装饰部位增多。木雕除用于外檐外，更延伸到内檐。木雕装饰一般做成拆卸灵活的装配构件，刻成后安装在柱梁之间。明清坛庙与陵寝建筑中的木雕装饰，多用品级最高的硬木雕品，使用花梨木、紫檀木等名贵木材，有古色古香的风格。雕刻手法多样：有线刻，线刻图案以花草为主，素雅、淡泊，多用于室内隔扇裙板等处；有浮雕，浮雕图案形象凸起于地，也称阳法，多用于隔扇裙板、绦环雀替、匾额、门簪等处；有透雕，最高级也最费工，为硬木雕常用，如"穿枝过梗"的方式，使作品具有玲珑剔透的效果。坛庙与陵寝最重要建筑的装饰中常用木雕的地方，多在天花和藻井、匾额、飞罩、垂花门、牌楼的花板、卡子花等处。

天坛祈年正位木雕金龙屏风和龙椅

天坛祈年殿内北侧为神台，供奉皇天上帝的神位，座后有硬木浮雕的屏风。屏身三扇九隔，屏风各浮雕行龙一条，龙身及祥云为浮雕，龙头圆雕，突出于画面。屏风额头整个透雕了一组九龙图，九龙盘旋在祥云之间。九龙分为三组，中间一组，两条升龙向中间的正面盘龙集中，边上两组三条龙互相顾盼。屏风前是放祭祀牌位的龙椅。椅背、扶手及四边四腿都高浮雕着祥云行龙形象，整个神位透着一股深不可测的神秘感。

天坛皇乾殿内硬木浮雕屏风云头的局部

天坛祈年殿藻井顶端木雕龙凤图

在圆形构图中，龙凤盘旋，互相对视，外圈一组祥云，增加了构图的动感。

天坛皇穹宇配殿内的金鹤屏风（明）

天坛斋宫屏风宝座

摆放于天坛斋宫无梁殿中殿,为瘿木精雕,颜色深紫,为木本色,屏面五扇,分别雕饰山水画面,雕工精致,画面生动。

瘿木屏风细部

天坛祝版亭

在皇家坛庙祭祀中，所需礼器、供物要放置在样式各异的"龙亭"内送往祭坛，这些微缩的亭子建筑都是精致的木雕艺术品。祝版亭通高233厘米，方形，单檐攒尖顶，四脊雕云纹，斗拱单翘重昂，旋子彩画，斗科内里浮雕金龙藻井，漆金，亭四方柱红漆，围栏绿色，腰部须弥座形，四腿螭首虎爪，四面浮雕双龙戏珠。

祝版亭藻井木雕图案

天坛五供亭

通高304厘米，亭圆形，单檐攒尖顶，檐起龙脊四条，龙头探出檐外，龙鼻各套环钩一枚，以悬挂流苏。斗拱单翘重昂，斗科内里龙井天花成造，旋子彩画。四根立柱，圆形，两面柱间夹隔板亭柱以下皆黑漆。座心有七个圆形凹槽，分别安放香炉、蜡扦和提尊，腰部四面浮雕双龙戏珠，象鼻腿四条，立于环板之上，环板上雕卷草纹，饰圆环八个，用于抬亭。

天坛请神亭（龙亭）

通高265厘米，圆形，重檐攒尖顶，檐各起龙脊四条，龙头探出檐外，龙鼻各套环钩一枚，以悬挂流苏。斗拱单翘重昂，斗科内里龙井天花成造，旋子彩画，金龙枋心。亭四圆柱黑漆，每柱绘金云龙飞升。底座及围栏黑漆髹金边，座心有一方形凸起凹槽，红里，用于摆放神牌，象鼻腿四条，立于圆板上，圆环八个，用于抬亭。

清西陵慕陵隆恩殿及东西配殿的雀替、门窗隔扇的裙板上均为木雕云龙。

清西陵慕陵隆恩殿的每块天花板上雕刻一条云龙。

清西陵慕陵的木雕别具一格

慕陵为清道光帝之陵，在清帝陵中规制最简，既没有圣德神功碑、华表及石像生，也没有方城、明楼。但是，慕陵隆恩殿全部是用金丝楠木构造，不施彩绘，在原木色上以蜡涂烫。大殿内整个大花板上均为香气馥郁的楠木，采用高浮雕的手法，刻出盘龙，龙头向下俯视，似喷云吐雾，形成万龙聚会、龙口喷香的精妙情景。梁柱檩枋上还雕有二龙戏珠的门饰，火珠和龙头为圆雕，龙身及云海为浮雕，龙身隐于云海之中。隆恩殿天花、隔扇、雀替、藻井等处饰有大小龙头数千个，极为壮观。

清西陵慕陵隆恩殿雀替上浮雕的二龙戏珠图案

清西陵慕陵隆恩殿雀替上浮雕的行龙图案

清西陵慕陵隆恩殿雀替上浮雕的行龙图案

清西陵慕陵隆恩殿天花上的各式木雕盘龙

清西陵慕陵隔扇门裙板上雕刻的龙

清西陵慕陵隆恩殿隔扇门上木雕的窗花及裙板上的行龙

清西陵昌陵隆恩殿东间的佛楼

昌陵为嘉庆帝之陵，隆恩殿内设三间暖阁，中间设神龛仙楼，供奉帝后牌位，西暖阁供奉妃嫔牌位，东暖阁为佛楼，上下两层，供奉佛像。昌陵隆恩殿东暖阁佛楼，上层有木雕垂花，额板雕有二龙戏珠图案，内层左右柱间安一花罩，雕饰云龙图案，精湛优美，涂金闪亮；下层木制边饰，朱红底色，鲜丽耀眼。

清西陵昌陵隆恩殿金漆雕凤宝座

两侧设金漆御凤宝座，椅背高浮雕三块祥云凤舞的木雕，座背顶端高浮雕及透雕五只祥云凤凰。整个宝座均涂金色。

清东陵定东陵（慈禧陵）隆恩殿内的砖雕《五福捧寿》

五福是指寿、富、康宁、攸好德、考终命五种吉祥之事。"五福"即环绕于中心的"寿"字外缘的五只蝙蝠，借谐音代指五种吉祥事。整幅砖雕为长方形，内框饰连珠纹，外框为莲花及菱草纹的二方连续，砖雕底纹为万字不到头的图案，四角各有一个由盘长和飘带构成的适合纹样，砖雕中心为一圆形"寿"字，画面规整有序，砖雕筛扫凸起的花纹用赤金粉，凹进部分用黄金粉，赤、黄两种金色更显金碧辉煌，与大殿内的彩画交相辉映。

清东陵定东陵（慈禧陵）隆恩殿外廊的木雕与砖雕

慈禧陵隆恩殿外廊的梁柱及隔扇门全部由黄花梨木制作，窗棂雕成六棱形窗花，梁枋上饰金龙和玺彩画。

定东陵隆恩殿外廊墙上的砖雕为竖长方形，粗边框为卷草二方连续花纹，内框为连珠纹及回纹，框内为万字不到头的图案，雕刻内容及风格与殿内砖雕相同。

5.坛庙与陵寝建筑中宏丽的琉璃艺术

明清宫殿、坛庙、陵寝建筑多属于官式，广泛使用琉璃瓦，流光陆离、辉煌耀目、色彩斑斓。在坛庙与陵寝的主要殿宇中，大多使用琉璃瓦顶。作为装饰，琉璃还广泛使用于建筑的其他方面，如制成各种外观仿木、仿石、仿砖的构件，以至某些建筑小品的表面全都用琉璃包贴，如影壁、牌楼或宫门。

琉璃的色彩很丰富，而在封建时代，色彩的等级很分明，天坛是皇家祭天的场所，所以祈年殿、皇穹宇、圜丘及围墙皆用蓝色琉璃瓦。只有皇宫和主要坛庙及陵寝才可用黄色琉璃。黄色又分少黄（多用于园林）、中黄（多用于宫殿）、老黄（多用于陵寝）三种，代表三种寓意。

琉璃彩雕（皇穹宇琉璃门局部）

祈年殿蓝琉璃瓦顶

祈年殿三层屋顶皆覆以蓝色琉璃瓦，表示蓝天。三层圆屋顶呈金字塔形向上集中，表示祭天的特定内涵。

皇穹宇琉璃门

皇穹宇院的大门，门为三洞，砖券结构，彩色琉璃砖瓦砌成，顶部饰蓝琉璃瓦，檐下斗拱和额枋、檩桁则用琉璃贴面雕成空枋心的旋子彩画。造型十分精巧华丽，是现存不多的明代琉璃建筑精品。

太庙屋脊的鸱吻

吻兽用在屋脊的端头。实际功能是强化屋坡交接部的牢固度。建筑师同时把它转化为重要的屋顶装饰。明清官式吻兽形象和细部纹饰经过数百年锤炼，相当完美，吻已成龙形，镇于正脊两端，作张口吞脊状，又称吞脊兽。夸张的嘴部集中表现"吞脊"的气势。大胆变形简化，将头与尾直接连在一起，身段几乎完全略去，只以腿爪和龙鳞作会意，将一条"长龙"变成适合装饰部位的团块形体。

琉璃的瓦当和滴水，都用龙纹装饰，这是皇家建筑特有的图案。

蓝琉璃瓦的圜丘坛墙

清东陵定东陵（慈禧陵）隆恩殿顶檐瑞兽

清定东陵隆恩殿顶檐戗脊上的琉璃小兽顺序为龙、凤、狮子、天马、海马、狻猊、押鱼、獬豸、斗牛，骑凤的仙人排在最前面，仅比级别最高的紫禁城太和殿少一个行什。

享受天宫地宫的艺术真谛

文化北京图卷

坛庙与陵寝

赏析坛庙与陵寝的建筑景观

先农坛观耕台琉璃砖上的草龙

天坛的燔柴炉用绿色琉璃建造

天坛斋宫铜人亭的亭顶也用琉璃铺设

明长陵神帛炉

　　神帛炉位于祾恩殿前左右两翼，炉体用黄、绿琉璃件组装而成，炉顶为单檐歇山式，炉身正面为四扇假棱花槅扇，正中辟券门，门内为小室，用于焚烧祭祀所用的神帛和祝版。

144

明清帝陵大殿后，多有琉璃花门，门两旁有宫墙，将陵寝分为前朝和后寝两部分。

琉璃花门是三座门洞并列于三路石阶踏跺上。每座门有一门洞，顶为黄色或绿色琉璃瓦，歇山式，门正反两面均镶嵌着缠枝莲花图案，金黄色的枝叶与花朵在翠绿的琉璃平砖的底衬下，美观大方，光彩照人。

清东陵定东陵琉璃花门（局部）

明德陵哑吧院琉璃照壁

在皇帝入葬地宫、封堵隧道门后，于洞口建琉璃照壁。照壁贴墙而建。壁面红色，四角有岔角，中间圆形盒子，装饰大朵宝相花，插在花盆中，照壁的脊瓦、斗拱、檩桁、须弥座皆为琉璃，黄绿琉璃相间，配上红墙，色彩典雅艳丽。

清东陵孝陵龙凤门琉璃墙

龙凤门一般为三门六柱三楼四壁。六根柱子皆用青白石雕成，门楼顶脊、兽吻、瓦垄、勾滴、斗拱、梁枋等均为彩色琉璃制件组成。四壁均采用照壁的"中心四岔式"构图，中心正面嵌琉璃盘龙一条，背面嵌琉璃鸳鸯荷花图案，象征帝后共穴、永远合好。龙凤门立在神道终点。

清西陵昌陵龙凤门背面琉璃花心图案

龙凤门琉璃影壁背面盒子图案，整个影壁以黄琉璃瓦为底，白色鸳鸯在碧水中游弋，绿色荷叶，黄色荷花，碧波溅起白色浪花。形象在构图中安排得饱满，线条流畅，盒子的如意形边框与黄墙隔开，极富装饰趣味。

清西陵昌陵龙凤门琉璃短垣

琉璃花心，是一幅七块琉璃板并合成的大型单龙戏珠彩色琉璃雕塑。整个画面布局严谨：龙身盘曲，龙首突起，双目圆睁，面向宝珠，盘龙的曲线与云尾的平行横线形成动静对比，云朵和海水添满空当，四岔角分别雕有一条降龙，龙头均朝向琉璃花心中的龙，增加了视线间的联系。构图疏密有致，是一幅雕琢精细的琉璃工艺品。

享受天宫地宫的艺术真谛

文化北京图卷 **坛庙与陵寝** 赏析坛庙与陵寝的建筑景观

清东陵裕陵琉璃花门及三路一孔桥
裕陵的琉璃花门为三座,并列于三路石阶的踏跺上。玉带河上修建了三路一孔桥,汉白玉的石桥与黄琉璃屋顶、红墙交相辉映,显得格外玲珑精美。

三、品味坛庙与陵寝的祭祀情怀

巍巍中华素以"礼仪之邦"著称于世,"礼"是封建国家统治和社会生活秩序的基石,也是中华传统文化的核心。

中国古代祭祀礼仪制度在几千年的历史进程中,始终是封建帝王维护其统治的一种政治工具。祭祀礼仪体现的"敬天重德"精神,反映了中国古代思想家的政治理想,是古人为构建统一和谐的理想社会,而把自然宇宙观应用于社会政治生活的典范。

中国古人在长期的观察与实践中,发现并掌握了宇宙天体运行和自然万物生长的规律,进而把这种自然规律提升、归纳为一种哲学概念——道,赋予其人文精神的品格——德,并引申到社会生活中,作为人们所要遵循的道德规范、行为准则、社会秩序的依据。在古代祭祀活动中,无论是为"皇天上帝"举行的祀典,还是为祖先举行的祭享,或是为孔孟圣贤举行的祭仪,庄严肃穆的祭典蕴含着对"德"的缔造者"天地日月"的尊崇;对"德"的传教者"至圣先师"的尊敬;对"德"的实践者,那些造福黎民的文明创始人和开创盛世的帝王的敬仰。

明清时期的皇家坛庙在祭祀时,不仅突出体现了古人"敬天重德"的传统思想,还十分注重礼仪的形式。宏大庄重的祭祀场面、具有象征性的独特祭祀方式、繁文缛节而又进退有序的仪式、丰盛的祭品、礼仪性的祭祀乐舞,这一切不仅体现了古人对祭祀对象的尊崇与虔诚,而且还以特殊的方式展示了中华民族几千年发展进程中所创造的优秀思想文化和文明成果,蕴含了中华民族在世界观、伦理道德观念、信仰崇拜方式等方面特有的民族精神、思想意识与文化传统。

丧葬礼仪属于古代礼制"五礼"之一,是中国古代灵魂观念文化倾向尊祖、敬老精神的体现,受儒家思想影响而为历代所重视。明代丧葬礼仪在唐宋礼仪制度的基础上,遵循古人奉为经典的《仪礼》,对上至皇亲国戚、朝廷官员,下至庶民百姓的丧葬礼仪,事无巨细做了极为详尽的规定。清代丧葬礼仪与明代相仿,未做大的改变。

古人之所以把丧葬纳入礼制的范畴,依然是"重德"思想的体现。在古人的道德伦理观念中,"孝"为德之首,百善孝为先。丧葬礼仪是孝道的外在表现形式,儒家认为,"慎终追远,民德归厚矣",封建统治者的目的就是要通过丧葬礼仪强化"孝"的道德观念以及宗法家族意识,而"忠君"的思想恰恰就是建立在"孝"的观念基础上,这种道德的传承无疑为维护封建宗法等级制度提供了保证,达到江山社稷永固的愿望。

明清时期的国家祭典与佛、道等宗教祭祀礼仪以及民间鬼神迷信的祭祀方式有着显著的区别,祭坛供奉的是神牌而不是拟人的塑像,神牌上书写的也不是神的封号,而是体现天地日月、雷雨风云、山川河流自然本质特性的"本称",这表现了我国古代先民建立在自然科学基础上的"天人合一"自然观。

中国古代祭祀礼仪、丧葬礼仪作为中华文明的载体,起到重要的展示与传承作用。人们正是通过天地崇拜、祖先崇拜,以各种祭祀礼仪的形式,把中华民族几千年来创造的物质文明与精神文明,渗透到社会生活的各个领域,并不断弘扬与发展。

大驾卤簿图(局部)

（一）天地神祇行报本返始之礼

远古时期，"万物有灵"观念的出现形成多神崇拜，人们的祭祀对象繁多，祭礼的种类庞杂。周礼的制定，第一次把杂乱无序的祭祀进行梳理，把诸多的神灵归纳为天、地、人三大类。报本返始，即受恩思报、不忘所自的意思。

中国古代礼仪制度经过几千年的传承与不断充实完善，到明清时期已发展为自成体系的完整制度，其法规性内涵被不断强化，与行政制度、法律制度并驾齐驱。"凡坛、禘、郊、祖、宗、报此五者，国之典祀也"，成为封建国家制度的重要组成部分，祭祀礼仪与丧葬礼仪作为其中的重要内容，充分体现了它在维护封建等级制度作用上的严肃性与规范性。

明朝建立以后，认识到封建礼制对政权巩固的重要作用，将历代礼制重新修订，洪武三年（1370年）完成《大明集礼》。

清朝入关，康熙、乾隆等清初皇帝作为封建时代杰出的政治家，重视礼仪制度对于皇权巩固的重要性，沿袭明代礼仪制度并加以改革完善，对中华礼仪文化的传承与发展有着重要的历史作用。

祭祀礼仪的要义，在于对祭祀对象的诚敬。"孝子将祭祀，必有齐庄之心以虑事，以具服物，以修宫室，以治百事"，这句话适用于一切祀典与丧葬礼仪。

斋戒是祭祀前的重要礼仪，也是祀典的严格制度。斋戒礼仪早在2000多年前就有了成文规定。自周朝，凡重大祭祀，要进行斋戒。

明清祭祀与丧葬制度的诸多规定，不仅反映了礼仪形式本身的要求，更主要的是通过这些带有强制性的规范，体现了神权与君权的权威性，强调了封建等级制度的合理性和必然性，为研究封建社会的政治文化提供了丰富的历史资料，具有极其珍贵的历史文化价值。

禋祀图（今人绘 天坛公园提供）

天地神祇行报本返始之礼

文化北京图卷 **坛庙与陵寝** 品味坛庙与陵寝的祭祀情怀

天地神祇行报本返始之礼

1. 繁缛的礼仪制度

明清两代祭祀制度相对稳定，遵循"礼之三本"，即"上事天，下事地，尊先祖而隆君师"。所确定的祭祀范畴，祀典分为大祀、中祀、小祀（清代称"群祀"）三等。

明清时期祭祀制度的特点，一是将皇权的正统与合法性的祀典放在最重要的位置，给予最高的礼仪规格，并且要由皇帝亲自主持。清代沿袭了明代大祀祀典，对规制加以完善，以求祭祀仪式的完美。二是极力倡导"敬天重德"的意识观念，充分发挥祭祀礼仪"神道设教"的教化功能。明清两代对孔子和历代帝王祀典的重视，目的是"明教化，以行先圣之道"，褒扬"孔子垂教于世，扶植纲常"，推崇帝王有功烈于民、忠臣能始终保守节义的道德楷模。三是明清祭祀凸显"以农为本"的重农思想。建先农坛行耕耤礼，凡新皇登基要"躬祭先农耕耤田"，昭示天下以农为本，劝农从耕。圜丘、祈谷、方泽、社稷、先蚕等祀典均与农业生产有关，无一不是体现了古人的重农思想。

斋宫钟楼

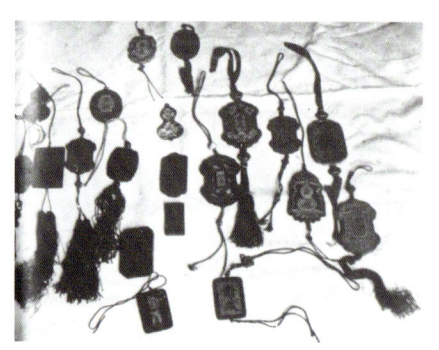

斋戒牌

天坛斋宫斋戒铜人

斋戒铜人的设置创于明洪武三年（1370年），朱元璋令礼部铸造，"凡致斋之期则置朕前，应朕心有所警者，不敢放也"。自此，皇帝大祀斋戒时安放斋戒铜人成为定例。清代乾隆皇帝所写的《斋宫御制诗》中多次提到斋戒铜人："迁坐御斋宫，犹惧吾心弛。铜人如师保，屋漏十手指。"斋戒铜人手执简书，在使用时才放入，简书上写"致斋三日"。

天坛斋宫正殿

斋宫正殿，建于明永乐十八年（1420年），是一座仿木砖券结构的庑殿顶五开间大殿，内部为拱券顶。整座大殿建筑构件除门窗外均以陶砖仿制，殿内不用梁柱承重，故此被称为"无梁殿"。这种建筑结构是明代建筑技术的一大创造，明代以前的大型宫殿从未使用过。祭祀前三日，皇帝斋戒期间在这里会见大臣。

天坛斋宫时辰亭

"时辰亭"亦称"奏事亭",祭天时放置时辰牌。天坛三大祀(圜丘、祈谷、常雩)前由钦天监奏报时辰,奏折呈送于时辰亭内,再由执事人员转呈皇帝。皇帝阅过时辰奏折后,即做好准备,等待祭天典礼时刻到来。祭天典礼开始时间为日出前七刻;方泽(地坛)祭地是于日出前六刻;太庙、社稷坛于日出前四刻;月坛是在酉时前四刻;先农坛是巳时前六刻。

天坛花甲门

位于祈谷坛西柴禾栏西垣。乾隆三十七年(1772年),乾隆皇帝已过花甲之年,身体不胜祭天礼仪之繁琐,下旨简化祭礼仪节,缩短步行距离,于是在此开辟新门,后人称其为"花甲门"。祈谷祭祀之日,皇帝乘礼轿进花甲门直达祈谷坛南砖门外,免除长距离行走之劳。

天坛古稀门

清乾隆四十六年(1781年),乾隆皇帝年逾七旬,为减轻皇帝行走之苦,于皇乾殿西垣另辟角门,外铺坡道,方便皇帝到皇乾殿上香行礼,并规定后代皇帝"有寿登古稀者",躬亲行礼可走此门,遂有"古稀门"之称。

先农坛亲耕图(采自《唐土名胜图会》卷4)

明清两代皇帝祭祀先农后均举行耤田礼。耤田整成九宫格状,以代表天下九州,皇帝亲自扶犁,顺天府官员捧盛放种子的青箱,户部侍郎播种,乡里推选的年高有德老人负责覆土,以为天下农事示范。

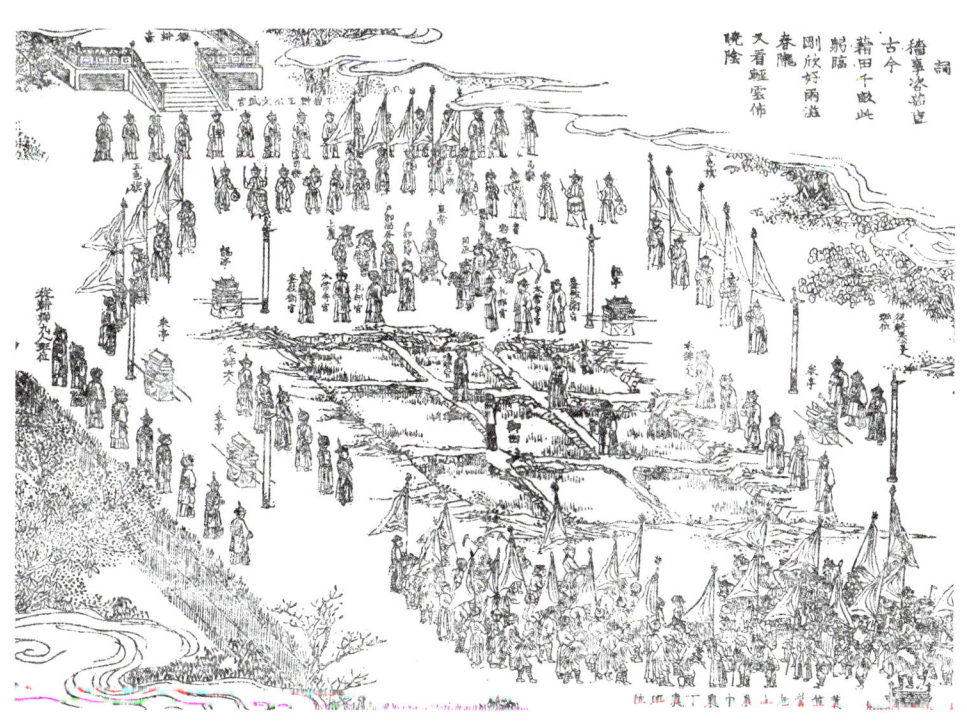

明清时期,国家对各类祭祀活动做出严格的等级划分。大祀天地,属国家最高祀典,只有朝廷才能举行;社稷之祀,除京师设坛皇帝祭祀外,藩王封国以及府州县皆可设坛祭祀,但是建筑规制、礼仪规格必须低于京师。等级的区别具体体现在乐舞人数的多少、乐器的种类、数量、陈设方式等方面。

古代祭祀中以"有德者配天",体现了传统的"敬天崇德"思想,成为一种礼仪制度。明清坛庙祭祀均有配祀规制,如历代帝王庙设历代贤臣配祀位,先师庙(孔庙)以孔门弟子颜渊、曾参、子思、孟轲配享,称为"四配",另有"十二哲"从祀。清代祭天以八位皇帝配祀,史无前例。

丧葬礼仪也有严格的等级规定。"丧葬之礼,通乎上下,各有差等,无敢僭踰"。皇帝陵寝虽为最高等级,仍要遵循后代不能超越前辈的礼制。

明清时期中国古代祭祀礼仪文化已经发展到极致,虽然作为封建社会的产物,在形式上避免不了消亡的命运,但是作为历史文化的客观存在,其所蕴含的丰富文化内涵与历史价值不容忽视。

天坛祈年殿神位陈设

祈年殿正位供奉皇天上帝神版,前面为摆放祭品的笾豆案,再前为盛放"特牲(犊牛)"的俎,最前面是香炉,以备上香之用。左右放置金镶青羊角灯及软金丝灯。

天坛皇穹宇正位供奉

皇穹宇正殿正中为皇天上帝神位,两侧为列祖列宗神位。

历代帝王庙景德崇圣殿正位供奉（局部）

　　历代帝王庙主要崇祀中华民族自三皇五帝至明代的帝王，乾隆时定为188位。图中所示为夏商两代帝王神位。

皇穹宇东配殿从位供奉

　　皇穹宇东西配殿为存放祭天从位神牌之处。图中所示为东配殿之大明（太阳）之神及众星神之神位。

天地神祇行报本返始之礼

文化北京图卷　**坛庙与陵寝**　品味坛庙与陵寝的祭祀情怀

2. 祭神敬祖的庄重祀典

明清时期的封建礼仪制度已经十分成熟，作为礼制的直接而具体的表现形式，祀典达到极其完美的程度。无论是坛庙祭祀的祀典，还是皇帝的葬礼，礼仪程序都做了精心的设计与安排，营造出隆重肃穆的氛围，以表达尊崇与虔敬的心情，体现神权与皇权的至高无上和威严。

坛庙祀典都有严格的规模与程序。祭天大典的仪式共有九个礼仪程序，称为"九举"；祀典中所用的礼器按等级划分，有严格的规定；祭天祭祖时都要按照不同等级的祭祀类别供奉丰盛的祭品，祭品分牺牲、食品、物品三大类，作为对天和祖先恩赐与保佑的报答。

祭祀礼仪中皇帝及参与祭祀者的礼仪服饰也为盛大的祀典增添了庄重的气氛。明代皇帝祭祀天地、宗庙、社稷、先农，以及正旦、冬至、圣节、册拜时衮冕服。其制由冕(冠)、衮（服）、大带、革带、玉佩、蔽膝、绶、中单相配，构成一套在特定场合服用的礼服。陪祀官员的祭服由皂缘青衣、白纱中单、赤罗下裳、赤罗蔽膝等组成，穿祭服时，颈部挂有方心曲领。大祀及冬至礼时则戴梁冠，穿赤罗衣裳。

清朝建立后，上至皇帝，下到百姓，服饰着装悉尊满俗。清代最重祭祀礼仪，在服制中，祭服最为贵重、华丽且等级分明。

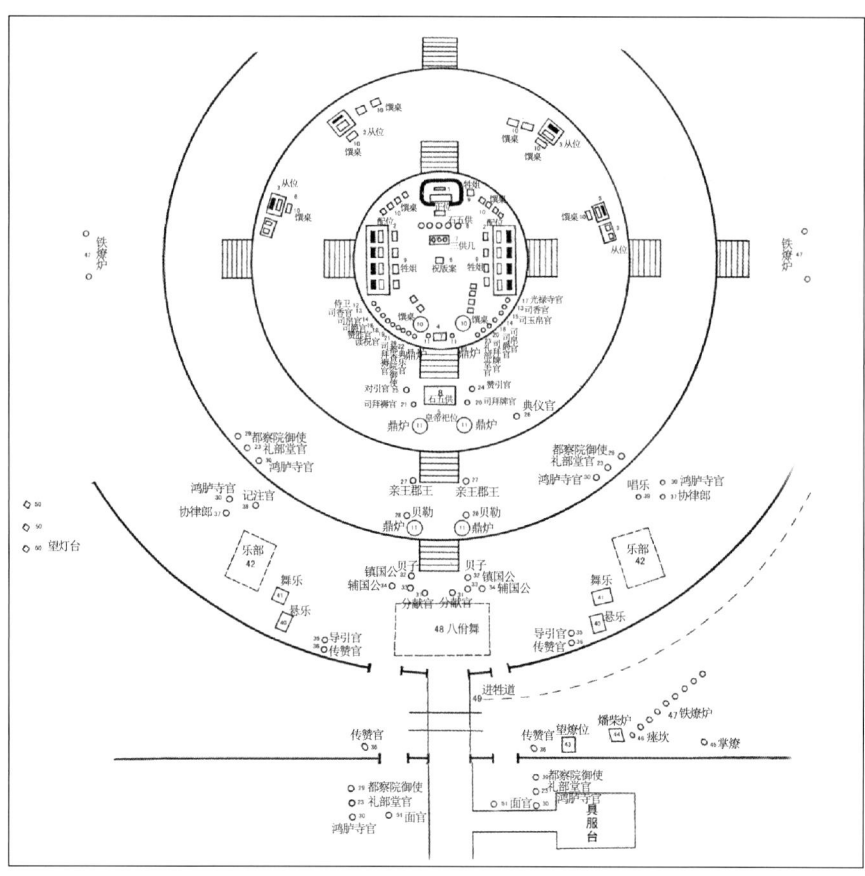

天坛圜丘祭祀站位图（天坛公园提供）

清代天坛圜丘祭天图（天坛公园提供）

天坛笾豆亭

笾豆亭，抬笾豆用，笾、豆为祭祀礼器，祭祀时用于正、配从位。

天坛五供亭

祭祀时将五供恭抬至位次前

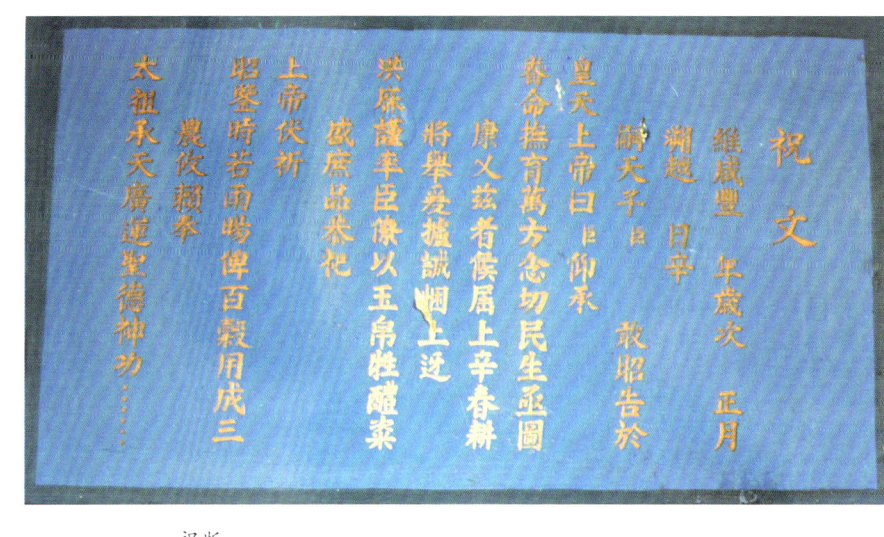

祝版

● 祝版是木制的，因所祭祀内容不同，其规格也有所不同。圜丘、方泽（地坛）所用祝版方一尺五寸，径八寸四分，厚三分。祈谷坛所用祝版方一尺一寸，径一尺，厚三分。常雩、社稷坛、日坛、月坛所用祝版方一尺二寸，径八寸四分。天坛祝版是青纸青缘朱书；地坛祝版是黄纸黄缘墨书；太庙、社稷坛均为白纸黄缘墨书；日坛是朱纸朱书，月坛是白纸黄缘墨书。

天坛祝版亭

清代礼制规定，大祀前一日皇帝要亲自察阅祝版。圜丘、祈谷、常雩祝版，在太和殿阅视；方泽、太庙、社稷祝版，在中和殿阅视。祝版在皇帝阅视之后，就要放置在祝版亭内送往祭祀之所。

（1）肃穆的祀典礼仪

坛庙祀典中，天坛大祀的规格最高，祀典的仪式也最为隆重，共有九个礼仪程序，称为"九举"，依次为迎帝神、奠玉帛、进俎、初献、亚献、终献、撤馔、送帝神、望燎。配合礼仪进程的祭祀乐舞的九个章节叫"九奏"。

每一个仪程，皇帝都要在赞引官高亢响亮的赞礼声中，上下祭坛一次，恭敬虔诚地行三跪九叩礼。望燎是祭天大典礼仪的最后一个程序。正位撤下的祭品放在燔柴炉上，配位撤下的祭品放在燎炉上焚烧。圜丘祭天时，皇帝的望燎位在内壝南棂星左门外，燔柴炉的西面；祈谷大祀时，皇帝的望燎位在祈谷坛南砖门内东侧，燔柴炉的西侧。望燎完毕，祭天大典全部结束。

太庙祭祖大典行"五举"之礼，少于祭天的"九举"。祭祖当日，虽然太庙与皇宫近在咫尺，仍然陈设法驾卤簿为仪仗，以显皇家声威。中和韶乐设于太庙殿前，乐奏"五章"，配合祭祖大典的五个礼仪程序。尽管礼仪规模并不庞大，但庄重诚敬之情丝毫不减。

御驾昭亨（今人绘　天坛公园提供）

冬至郊祀祭天，日出前七刻皇帝从斋宫出发，乘轿到昭亨门（现天坛公园南门），下轿后步行至具服台幄次内更换祭服至圜丘祭坛。

阅视笾豆（今人绘　天坛公园提供）

阅坛位、阅笾豆牲牢是祭天大典之前需要完成的一个礼仪程序。皇帝亲临天坛，先到皇穹宇或皇乾殿例行阅坛位、阅笾豆牲牢之礼。阅笾豆牲牢也就是检查一下祭品的准备情况。一切阅视完毕之后，皇帝来到斋宫，进行祭祀前最后一天的斋戒，等待第二天祭天大典的到来。

进俎浇汤（今人绘　天坛公园提供）

进俎之礼即由浇汤官向盛放在俎内的牲牛身上浇热汤，这被称作"沃俎"，一时香气四溢，以飨上帝。进俎礼后，皇帝依然回到设于圜丘坛第二层的拜位，等待下一个祭祀程序的开始。

读祝（今人绘　天坛公园提供）

　　读祝之礼行于初献奠爵之后。祝文是表达向皇天上帝祝祷、祭告之辞。自古以来，祭祀用的祝文都是由称为"尸"、"祝"的人代替皇帝宣读；清代宣读祝文的是司祝官。

乐舞生起舞（今人绘　天坛公园提供）

　　在皇家重大祭祀活动中均要伴之以中和韶乐乐舞。图中所示为祭天礼仪中的"武功舞"，舞生手执称为"干"、"戚"的舞具，排成"八佾"之列，随乐曲翩翩起舞。

燔柴望燎（今人绘　天坛公园提供）

　　望燎是祭天大典礼仪的最后一个程序，执事人员从祭坛神位前依次撤下祝版、制帛、香等，送到燔柴炉及燎炉处焚烧。望燎开始，乐队奏"太平之章"，皇帝站立于望燎位面向东方，燔牛及祝、帛、香等在熊熊的火光中化作烟气升腾，上达至天，为皇天上帝所享用。

（2）祀典的祭服与礼器

祭祀服饰是皇家祭祀制度中重要组成部分，规制严格，色彩鲜明。纹饰寓意深刻的礼仪服饰为盛大的祀典增添了庄重的气氛。

明清两代遵循周礼之制，均把祭服规制视为礼制的重要内容。明代规定皇帝祭祀天地、宗庙、社稷、先农，以及正旦、冬至、圣节、册拜时着衮冕服，其规制与周秦以来历代皇帝祭服无明显区别，体现汉文化基本特征。清朝建立后，改装易服，皇帝祭服的设计在保持满族服饰特点的同时，传承了古代祭服的色彩与十二章纹饰，体现了中华民族文化绵延不绝的传承与创新精神。

祭祀服饰所展示的古代精湛制作工艺，文化内涵丰富的纹饰图案，对我们了解中华民族优秀的传统文化有重要的帮助。

礼器，是"礼"的重要表现形式。礼器的起源有着悠久的历史，大多是由人们日常生活用品演变而来。周代已经把礼器的使用规制作为制度制定下来，并且依据等级划分，对礼器的质地、数量、形状、尺寸以及色彩有了明确的规范。

古代用于祭祀礼仪的礼器种类很多，有器皿、用具、陈设、饰物等不同形式。

坛庙祭祀盛放祭祀食品的礼器有簋、簠、笾、豆、登、爵等多种，都是古人饮食生活所用的食器。随着人们生活习俗、饮食习惯的改变，这些食器逐渐退出人们的日常生活，仅作为祭祀时盛放祭品的礼器而保留下来。

礼器在质地的选用上，古礼也有规定。从质地上说，祭器不用金银器皿，而以陶制器皿为主。盛酒要用爵，祭天所用的爵叫"匏爵"，是用不加雕琢的半个椰壳制成，下面承以檀香木制三足爵坫，祭天祈谷行三献礼时用匏爵盛礼酒敬献皇天上帝。

用于陈设的礼器，有各式各样的灯、神位前用于上香的熏炉、祭坛下摆放的鼎炉等。

用于礼仪需要的有请神亭（又称龙亭）、祝版亭，在天坛还有两样特殊的礼仪设施，燔柴炉和燎炉，用于祭祀典礼时焚烧祭品。而在皇帝陵寝中，是修建神帛炉用来焚烧祭品。陵寝中陈设的石五供作为礼器，已经完全礼仪化，失去使用意义，成为礼仪性的装饰物。

坛庙陵寝中的各种礼器，是古代祭祀制度和陵寝制度的重要组成部分。这些珍贵的物质遗存蕴含了丰富的历史文化内涵，"藏礼于器"是中国古人象征性思维模式的精彩演绎。将礼的意蕴与器物的表象有机地结合在一起，使人们通过直观的感受来体味祭礼的神圣，强化对"神道"的信仰，最终达到祭祀的目的。

清代祭地的祭服

清代祭日的祭服

清代祭月的祭服

清代祭天的祭服

皇帝的祭服

古人"象天法地"的理念在皇帝祭服上也有所体现。《礼记正义·杂记》："天之正色苍而玄，地之正色黄而畛，圣人法天地以制衣裳。"祭天时皇帝要穿玄色（天青色）祭服，祭地穿黄色祭服，祭日穿红色祭服，祭月穿月白色祭服。

十二章福寿如意衮服局部

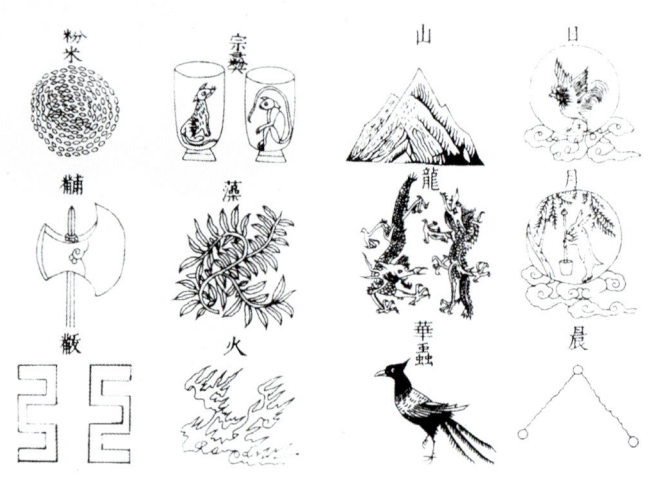

十二章纹饰

衮服与十二章纹饰

衮服是古代皇帝最高级别的礼服。其上有日、月、星、山、龙、华虫、宗彝、藻、火、粉米、黼、黻等图案，统称为"十二章"。十二章图案各有其特殊的象征意义，寓意帝王应当具备的品德：日、月、星辰，取其抚育万物，如三光之照耀天下；龙为帝王之象征，飞龙在天，九五至尊；山有镇重、高瞻之品格，象征王者安镇四方；华虫为锦鸡之形，以其五彩华羽表示王者有文章之德；宗彝，其形为宗庙祭祀礼器，分别绣虎、猿各一，虎"以刚猛制物，象圣王神武定乱"，猿名"蜼"，传说有仁孝之性，取其孝；藻为水中之物，象征冰清玉洁之意；火，取其光明；粉米，取其洁白且能养人之意；黼，绣黑白为斧形，取其能决断之意；黻，绣青与黑两弓相背之形，取其明辨之意。

黄缂丝十二章福寿如意衮服

出土于明定陵地宫，是皇帝祭天地、宗庙、社稷、先农，以及正旦、冬至、圣节、册拜等重大典礼时服用的礼服。它采用通经断纬、盘梭缂制的传统工艺，上织象征帝王权力和美德的十二章纹饰。所用材料不仅有大量的金线，还有色泽鲜艳的孔雀羽毛以及蓝、红、绿、黄等20多种彩绒。经过这样的色彩搭配和工艺处理，衮服既显富丽堂皇、庄重大方，又金翠交辉，达到了艺术形式与思想内容的完美统一。

鼎炉

清光绪款镀金银质圆灯，祭祀时陈设于正位、配位、从位供案上，用于照明。

燎炉

清光绪款镀金银质圆熏炉，祭祀时陈设于供案前方几上，用于熏香。香有块香、柱香两种。

祈年殿燔柴炉

天地神祇行报本返始之礼

文化北京图卷

坛庙与陵寝

品味坛庙与陵寝的祭祀情怀

祭器

祭器起源很早，形制、质地各有不同，像礼仪制度发展一样，由简到繁，最后成为定制。历朝多以"周礼"为据。明初，祭器皆以陶器制成。后曾把酒爵改为玉质。明嘉靖九年（1530年）更定祀典，规定了四郊祭器各依其方色：圜丘青色、方泽黄色、朝日赤色、夕月白色。祭器以瓷碗、瓷盘代之。清乾隆十三年（1748年）修订礼仪，以"既用其名，宜备其物"重新制定祭器。冬至日，乾隆皇帝亲祭南郊，留下了"寅祀南郊殷荐陈，铏簠依古制更新"的名句。清乾隆朝对祭器的更定使坛庙所用陈设礼器达到历朝最高水平，此后诸朝沿用未改。

匏爵，外为椰壳，内饰银里，呈以木站，站为檀香木制，祭祀时陈设于供案上爵座内，每案陈设三件，用于盛酒。

光绪官窑黄釉暗双龙纹大盘

光绪官窑重环纹黄釉瓷登

光绪官窑祭蓝釉刻花锦纹瓷铏，祭天礼器，祭天时陈设于从祀位供案上瓷登的两侧，内盛和羹，即"用调味品配制的羹汤"。

光绪官窑祭蓝釉瓷簋，祭天时陈设于正位、配位、从位及祈谷正位、配位供案上，内盛稻、粱。

光绪官窑祭蓝釉刻花瓷簠，祭天礼器，祭天时陈设于正位、配位、从位及祈谷正位、配位供案上，用以盛放黍（黄米）、稷（小米）。

光绪官窑白釉荷叶形盖尊

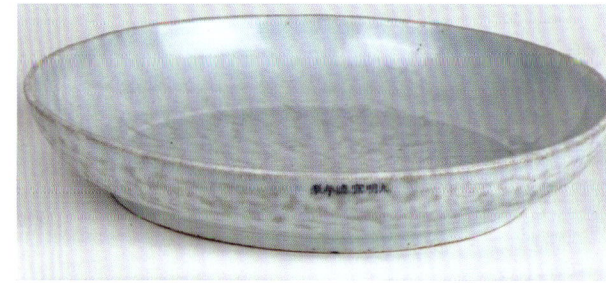

宣德官窑款白釉暗把莲花大瓷盘

竹笾　　光绪官窑藕荷釉刻花瓷豆

明嘉靖白釉大碗

碧玉爵　　光绪官窑白釉瓷爵

（3）丰盛的祭品敬天祖

古人以丰盛的祭品来表示对天和祖先恩赐与保佑的报答。明清两朝对各类祭祀供奉的祭品制定了不同等级规制，其中天坛、地坛及太庙祭祀祭品等级规制最高。

祭品分为牺牲、饮食与物品三大类。

牺牲为古代祭祀特有之物，多以牛、羊、豕为之，依祭祀等级不同分别选用。古人对牺牲十分重视，祭祀用的牲牛不仅要符合标准，而且要保证完美无缺。

祭祀供奉的饮食类祭品极为丰盛，以天坛祭天祀典为例，几十种祭祀食品摆满笾豆案，古代饮食中的"饭膳馐饮"一应俱全。

在天坛等坛庙及皇家陵寝，都建有制作祭品的神厨、宰牲亭等建筑。为祭祀准备的牲畜在全部宰杀完毕后，送往神厨加工烹制，按照祭祀的需要，制成各式各样的祭品。

明清时期，每天都要给列祖列宗上供，每月刚下来的时鲜果蔬，都要先让祖宗品尝。明清两代供奉的祭品大同小异，共同之处是比较贴近现实生活。

皇家陵寝祭祀的祭品同样贴近生活，明陵祭品供奉饭、菜、汤、茶、馒头、油饼、肝、肉、排骨，俨然一场家宴的再现，充满人间情味。

明清祭祀礼仪中，玉是最具礼仪功能的重要祭品。古代有严格的礼制，以玉作为祭品只有皇帝能够使用。

专供祭祀用的帛，称为"制帛"，祭祀时摆放在称为"筐"的祭器里面。祭祀的对象不同，制帛的颜色和名称都不同。不同制帛的名称均用满汉两种文字织在帛上。

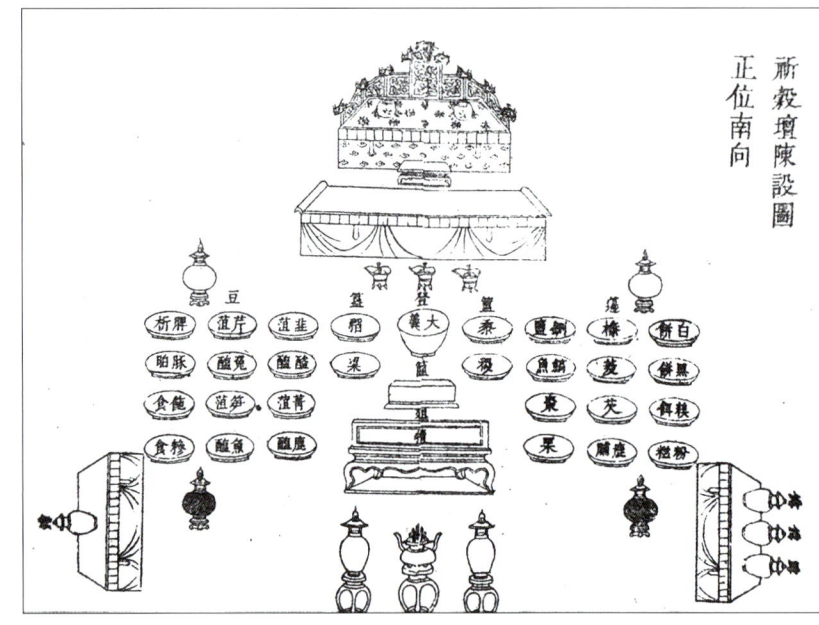

祈谷坛陈设图（天坛公园提供）

笾豆案上陈设的祭器有簠、簋、笾、豆、登、爵、筐，供案前陈设俎。"簠"盛放稻、粱；"簋"盛放黍、稷；"豆"与"笾"分别盛放24种祭祀食品；"登"内盛放肉羹；"俎"里摆放的是特牲（犊牛）；"筐"是用来盛放玉帛的；"爵"是向上帝与祖先敬酒的酒器。

明昭陵祾恩殿内秋祭复原陈列

中国古代祭祀文化中，玉为最高贵的祭品。苍璧、黄琮、青圭、赤璋、白琥、玄璜是为"礼玉六器"，用于"礼天地四方"。作为祭品，"礼神者必象其类"，苍璧礼天，象天之圆匝，取天苍之色；黄琮祭地，以黄玉雕琢，中圆外方，柱状八角，以象大地之八方；青圭上锐下方，寓意春天万物萌生向上，用于祭祀东方青帝；赤璋为半圭之状，以红色代表南方，祭祀南方赤帝；白琥雕为虎形，呈弧状，用于祭祀西方白帝；玄璜黑色，祭祀北方之神玄武。明清两代礼神之玉仅保留了祭天苍璧、祭地黄琮、祭日赤璧、祭月白璧及社稷坛礼神之黄琮与青圭。

坛庙祭祀中丝织品亦属珍贵祭品，称为"制帛"，上织满汉两种文字：郊祀制帛用于祭祀天地；告祀制帛用于天坛祈谷、常雩祭祀；礼神制帛用于社稷坛、日坛、月坛等；奉先制帛用于祈谷太庙祭祀和帝后陵祭祀；展亲制帛亲王配享用之；报功制帛用于功臣配享。制帛颜色依祭祀不同有所变化，祭天用青色，祭地用黄色，祭社稷用黑色，祭日用红色，祭月及星神等用白色，奉先制帛、展亲制帛、报功制帛皆为白色。尚有素帛一种，不织字，用于历代帝王庙两庑及先医庙配位等。祭祀用帛放置于"篚"中，供奉于神位前。"篚"为竹编的长方形盒子，上面有盖，四周髹以漆，漆色依祭祀不同而有所区别，如天坛用青色，地坛用黄色，日坛用红色等。

玉璜

苍璧

圭

玉琥

黄琮

玉璋

玉琮

竹篚

祭天礼器。天坛所存竹篚有两种，其一，祭祀时圜丘陈于正位、配位、从位，祈谷陈于正位供案上，分别盛放"郊祀制帛"、"奉先制帛"、"礼神制帛"。其二，祭祀时祈谷陈于配位，盛放"奉先制帛"。

坛庙与陵寝

品味坛庙与陵寝的祭祀情怀

天坛祈谷坛的宰牲亭

宰牲亭与长廊东端接檐相连，大殿坐北朝南，面阔五间，进深三间，绿琉璃瓦重檐歇山顶，是宰杀牺牲的地方，又称打牲亭。大殿前平台下偏东，有一座六角井亭，形式与神厨井亭一样，是漂洗牺牲时取水的地方。

天坛牺牲所滚墩石

天坛圜丘坛的南宰牲亭漂牲池

祭祀供奉牺牲要保证净洁，以体现对神祇的虔诚，宰杀后的牺牲要在漂牲池内将血污垢渍清洗干净制成祭品。

天坛牺牲所柱础石

圜丘神厨

明清皇家坛庙与陵寝一般都配置有制作祭品的厨房，称为"神厨"。天坛分"祈谷"、"圜丘"二坛，分别设有专用神厨。按照祭祀的需要，制作各式各样的祭品。有的要做成肉酱（鹿醢、兔醢、醓醢），有的做成肉脯（鹿脯），有的做成肉汤（太羹，即牛肉熬制的不加任何调料的肉汤），还有用牛百叶制作的"脾析"、用小猪的肩膊肉制作的"豚拍"，有的则要保持牲体的完整，整个放在俎内，祭祀时供在神位前。

天坛南神厨内景

天坛神厨灶台

宰杀好的牛羊豕鹿兔等要送往神厨加工烹制，按照祭祀的需要，制成各式各样的祭品。大量祭品加工、制作需要众多人员共同完成。据《清会典》记载，参与祭品制作的厨役多达365人。

天坛圜丘神库是存放祭天所用祭器、物品的专用库房。

天坛南神厨甘泉井

南神厨院内有六角井亭一座，绿琉璃筒瓦盝顶，此即天坛有名的甘泉井。据说此井水质极佳，清洌甘甜。清人王世祯专门写了一首词称赞："京师土脉少甘泉，顾渚春芽枉费煎。只有天坛名㬉㬉，消波一勺真千钱。"天坛内共有四座甘泉井，位于南北神厨及牺牲亭内。

（4）祭祀仪仗的卤簿制度

明清礼仪制度中有一项专为体现皇家威严的"卤簿"制度，即帝王出行的皇家仪仗。皇帝出行仪仗称为"卤簿"始于汉代。明代卤簿制度十分完备，永乐三年（1405年）更定大驾卤簿制度专用于皇帝祭天。

清朝入关后，承袭明朝的各项典章制度。乾隆十三年（1748年），最终完善卤簿制度，并按规制分为四级：大驾卤簿、法驾卤簿、銮驾卤簿、骑驾卤簿。清制规定，大驾卤簿只用于天坛三大祀，即冬至圜丘祭天、孟春祈年殿祈谷及孟夏圜丘常雩；法驾卤簿用于地坛祭地及朝会；皇帝如果巡幸于皇城之内则使用銮驾卤簿；皇帝如果出京城巡省或阅兵则使用骑驾卤簿。

大驾卤簿规格最高，规模最为宏大。仪仗以九头大象为前导，威武壮观；皇帝乘玉辇，备"天子五辂"，尽显威仪；鼓角笙管，大乐齐备，乐手达数百人之多；伞盖旗纛、旌幡麾幢，色彩斑斓、罗织如云；御用礼器金光夺目，极具奢华；金瓜星杖状似质朴，实令仪礼增色；刀枪戟殳虽为礼器，足以耀武扬威；近两千人的队伍浩浩荡荡，绵延数里，天朝盛世的威仪通过大驾卤簿得到充分展现，"尊朝廷，彰国彩"的作用发挥得淋漓尽致。

卤簿制度是中华礼仪文化的象征，是中华民族传统思想文化与艺术文化的形象体现，清代卤簿所用实物尚有大量遗存，完好地保存在故宫博物院。

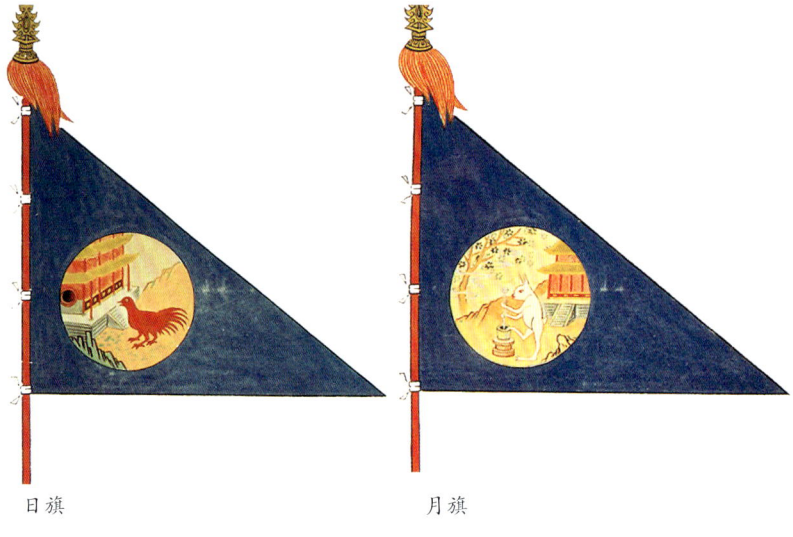

日旗　　　　月旗

大驾卤簿图局部（今人绘　天坛公园提供）

天地神祇行报本返始之礼

文化北京图卷 **坛庙与陵寝** 品味坛庙与陵寝的祭祀情怀

青龙旗　　白虎旗　　朱雀旗　　玄武旗

祭天仪仗表演

九龙盖

五色花伞

双龙扇

鸾凤扇

金提炉（金八件之一）

拂尘（金八件之一）
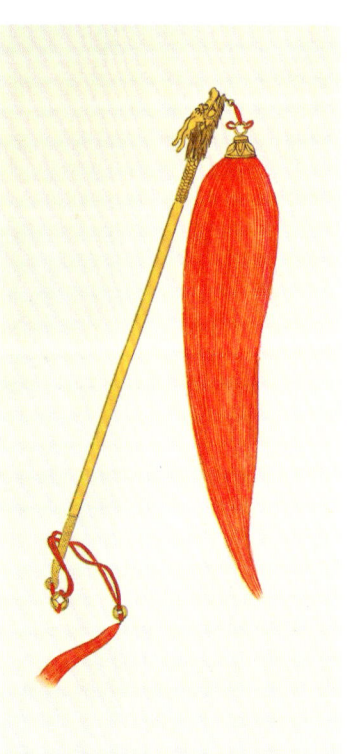

金盆（金八件之一）

仗马

大驾卤簿礼仪性配置，非骑乘用，马身配饰华丽，设专人牵行。

五辂

五辂初为帝王所乘之车，后成为大驾卤簿的标志性设置，分别为金辂（黄）、玉辂（蓝）、象辂（红）、革辂（白）、木辂（黑），西周以后历代帝王祭天均用五辂。明代朱元璋认为"祀在诚敬，不在仪文"，玉辂过于奢侈，因此明代祭天仪仗中只用木辂。清乾隆八年（1743年），乾隆皇帝诏命恢复五辂之制，并赋诗纪之："辍先考五辂，仪卫肃千官。昭德夫何有，正名蕲所安。"

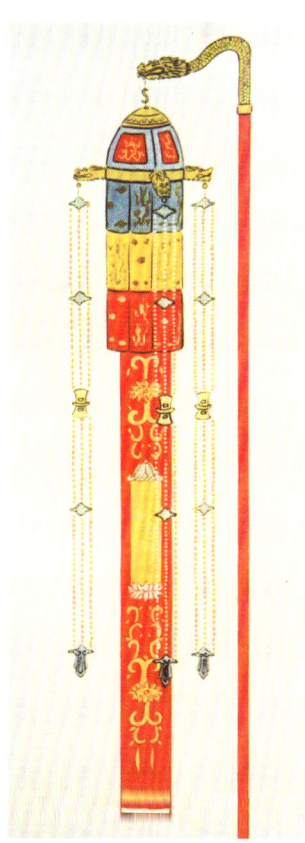

信幡

进善旌

豹尾幡

(二)祭祀乐舞的华彩篇章

古代礼乐制度中的礼、乐始终相伴而行。在重要的礼仪活动中,有礼必有乐,无乐不成礼。古人认为"凡音者,生于人心者也。乐者通伦理也","乐由中出,礼自外作",礼与乐是同一事物相辅相成的两个方面。西周初年,周公"制礼作乐"建立了系统的礼乐制度。儒家思想推崇"以德为政,以礼治天下"的政治思想,明确指出:"安上治民,莫善于礼;移风易俗,莫善于乐。"礼可以规范人们的行为,乐可以陶冶人们的道德精神,形成了以礼乐实现社会治理、道德教化功能的政治体系。历代统治者都十分重视礼乐制度的建设,在礼、乐、刑、政"四达之道"的治国方略中,都把礼乐作为重要的政治工具和道德教化工具。

明太祖朱元璋认为礼仪规范和中正、和谐的雅乐可以克制人们的欲望和非分之想,避免民欲无节、尊卑无序、人伦失范现象所导致的国家秩序的不稳定,遂把制定礼乐制度作为建国的大事。

明代以前,祭祀乐舞称为"雅乐",明朝建立以后,在新制订的礼乐制度中把雅乐改称为"中和韶乐"。"中和"是儒家的伦理道德观念。中国古人尊崇"中和"精神,讲求中正、和谐,认为"中和"是万物之源。"韶乐"的寓意则是秉承儒家的以德治天下的政治理念。"中和韶乐"这个名字更突出了雅乐的本质,体现了儒家以礼乐教化的政治理念。八音齐备的礼制规定,是古人追求天人和谐、社会和谐理念的体现。重视与追求和谐,这是中华礼乐文化的重要内容,古代思想家认为,和谐是万物生成发展的重要条件,更是人类社会的理想境界,而礼乐就可以达到使"四海之内合敬同爱"的目的。中和韶乐所代表的中华礼乐文化,在历史上对于维系各民族的团结起到巨大的作用,对于维护国家的统一有着深刻的政治意义和历史意义。

明清时期的中和韶乐,用于各种祀典和国家重要礼仪活动。区别就在于乐舞的规格等级不同,乐章有多少之分,佾舞有规制之别:释奠孔子仅设"文舞",先蚕祭祀有乐无舞,皇帝谒陵"设而不作"。"中和韶乐"保留了原始粗犷的形式,它通过平适文雅的音乐、辞句优美的诗歌和姿态翩然的舞蹈,使舞蹈化的节奏规程、符号化的动作和象征性的礼仪有机地组合在一起,不仅表现出祭天大典的肃穆虔诚,而且具有一种嘉乐齐鸣、清歌盈耳的艺术气氛。

祭祀乐舞图(今人绘　天坛公园提供)

天坛祭天

天坛祭天是明清皇家祭祀中最高等级的祭祀,乐队的配置最完备,由62名乐生组成,负责演奏13种、51件乐器和祭祀歌词的演唱;舞蹈要用"八佾"舞,文德舞、武功舞齐备,文武舞生各64人,共用舞生128人。再加上负责舞队指挥的4名"执节"人,共计194人。融礼、乐、歌、舞为一体,在香烟缭绕、牺牲陈列、肃穆虔诚的祭坛上,随着麾的指挥,乐队奏起悠扬的祭神乐曲,舞蹈者衣服鲜明,佩饰庄严,文舞生手执羽、龠,武舞生手执干、戚,随着乐曲的节奏翩翩起舞,进退有序,场面极为壮观。

1. 千年雅乐一脉相承

中和韶乐作为传统的礼乐，历经周秦、汉唐、宋元、明清王朝的更迭与兴亡，跨越了几千年的时空，在保留原生态原始祭祀乐舞基本特征的基础上形成了独具特色的艺术形式，并积淀了丰厚的历史文化内涵。

中和韶乐融乐、歌、舞为一体的艺术表现形式，传承了中华民族特有的乐舞文化。雅乐源自原始祭祀乐舞，周公制礼作乐时把远古时期的六部乐舞纳入礼乐制度，号称"六代大乐"：《云门》、《咸池》、《大韶》、《大夏》、《大濩》、《大武》，分别用于不同的祭祀典礼。经过改造完善的图腾歌舞、巫觋祭神歌舞，作为礼仪性的音乐舞蹈表现形式，遂成为国家祭典仪式的重要组成部分。

中和韶乐恪守自周秦时期已经形成的、体现"八音克谐"理念的礼乐规制，坚持使用源自华夏本土的"八音"乐器。所谓"八音"就是以金、石、丝、竹、土、木、匏、革八种材料制作的乐器。乐器是音乐表现的手段和工具，是音乐文化的一个组成部分，同时也是一个民族文化与文明发展水平的重要标志。中和韶乐坚持使用古代八音乐器形制的礼制规定，在客观上保护了远古先民创造于数千年前的音乐文化成果，成为中华民族音乐文化悠久历史的实物见证。

中和韶乐所代表的礼乐制度的传承，在客观上推动了中国古代乐律学的发展。由于礼乐制度的需要，在几千年的历史中，从伶伦作律到朱载堉创立"新法密律"（十二平均律），古人对乐律不断进行研究、改进，形成了中国特有的乐律文化，为世界音乐文化发展做出伟大贡献。

武功舞（场景再现）

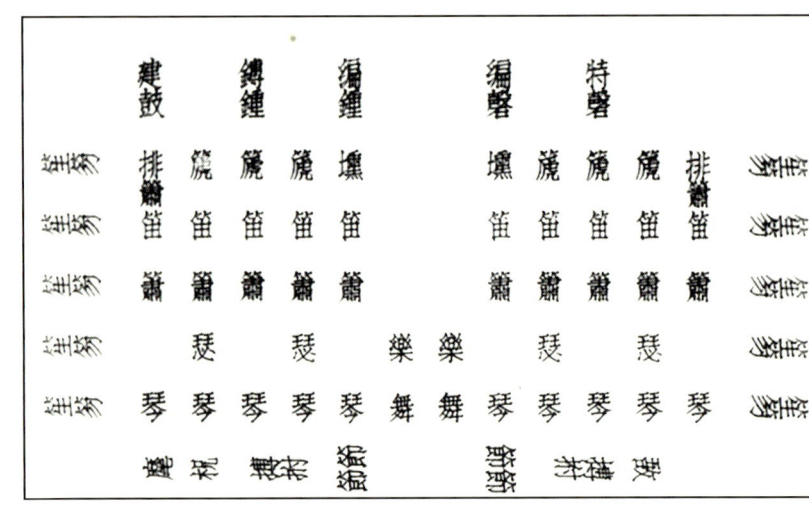

祭祀中和韶乐乐悬位次图（据清会典图重摹）

文德舞（场景再现）

明代乐制有雅乐和俗乐之分。雅乐用于祭祀。明陵祭祀有乐器陈设，并有协律郎、乐舞生演礼，但并不演奏。因为陵祭虽无"凶礼""衰绖之哀惨"，但"亦不纯用'吉礼'，盖以陵寝之祭，寓哀怆之情"。明昭陵祾恩殿内陈设的乐器，有麾、编钟、编磬、敔、搏拊、鼓、琴、柷、瑟九种。

明朝陵殿之内所以会陈设乐器，原因之一是帝后入葬玄宫前，其梓宫须停于祾恩殿内，每日依礼朝夕上食，教坊司以乐承应，设而不作。明制，"乐器不徙"，故乐器得以保留殿中。

明昭陵祾恩殿内东侧陈设的乐器

明昭陵祾恩殿内西侧陈设的乐器

（1）金属材质的八音乐器

钟、编钟在古代礼乐中占有极重要的地位，"钟鸣鼎食"曾是帝王贵族崇高地位的象征，在中和韶乐中亦居于八音乐器之首。"八音之列数者，金为长；金声之动物者，钟为大"。钟的起源传说是黄帝时的工匠"垂"所造，《吕氏春秋》则记载："黄帝命伶伦铸十二钟，和五音。"考古证实，在我国新石器时代晚期就有"陶钟"出现，距今已有4000多年。商代以后的钟始为铜制，铸造材料为青铜，"六分其金，而锡居一"。因此，钟被列入八音乐器中的金类。

单独悬挂的钟叫"镈钟"，所谓"一虡特悬"。天坛现存镈钟为乾隆二十六年（1761年）仿江西出土的古代镈钟铸造，各依十二乐律定音，分别对应十二月律，演奏时在乐章每句前敲击一下用于起音。由许多音律不同的钟编悬在同一钟架上称为编钟。一架编钟由16枚钟组成，上下两排，各有8枚，除对应十二正律外，另有4枚钟对应夷则、南吕、无射、应钟的倍律，起到旋宫转调的作用。

天坛公园管理处现收藏一枚明代青铜镏金编钟，形态完美，工艺精湛，镏金匀称，为国内罕见，是明代中和韶乐使用的编钟之一。原镏金编钟共16枚，1900年被英军全部掠走，其中一枚由英军道格拉斯上校赠予印度军队某骑兵团，后印度陆军参谋长访华，将这只镏金编钟归还中国。1995年4月21日，在北京天坛祈年殿前隆重举行了移交仪式，这只珍贵的明代镏金铜编钟终于回归天坛。

编钟演奏

明代镏金铜编钟

镈钟演奏

镈钟

（2）石材质的八音乐器

磬为古代石制打击乐器，八音中属石类，后代多以玉制作，天坛祭天演奏《中和韶乐》所用的编磬、特磬就是用和阗玉制作的。《尚书·益稷》中描写"击石拊石，百兽率舞"所说的石即指石磬。石磬最初是不规则的自然形态，至商代逐渐成为三角形，后来又有自然四边形，或长条形、鱼形。到了宋代则有曲尺形，现在我们看到的天坛祭天乐舞所用的磬就是曲尺形的。把一组磬编在一起，按顺序悬挂在架子上就叫编磬。编磬一般为16枚一组，分两排悬挂，也有多达32枚的。编磬在《中和韶乐》中用于歌词每一字的结尾，作为收韵。

单悬而大的磬叫"特磬"，在祭典或演奏雅乐时常与编磬并列置于殿堂之西，象征日落西方、诸事告成之意。特磬因比编磬中的磬大，又叫"大磬"，也叫"离磬"，意思是编离之磬。在乐队演奏《中和韶乐》时，每当乐章唱毕一句即击特磬一下，以分乐曲段落。

编磬演奏

特磬

编磬

金钟、玉磬之所以为古人所看重，不仅仅是由于钟声的洪亮和磬音的优雅，更是出于其引申的涵义。天坛神乐署凝禧殿内悬挂乾隆亲笔书写的"玉振金声"四个大字，其辞源于《孟子·万章下》："孔子之谓集大成。集大成也者，金声而玉振之也。金声也者，始条理也；玉振之也者，终条理也。"意思是说：孔子是诸圣人中集大成者，就好比奏乐，开头敲钟发出先声，末尾击磬以收韵，从始至终，有节奏有条理。后人又进一步引申到形容尊天重道、治理国家上来。《汉书》中记载："唯天子建中和之极，兼总条贯，金声而玉振之，以顺成天庆，垂万世之基。"

凝禧殿"玉振金声"匾

（3）丝弦类的八音乐器

中和韶乐使用的丝类乐器有琴和瑟两种。因其以丝为弦振动发声，故此在八音乐器中归属丝类。传说琴为神农所创，"昔神农氏继宓羲而王天下，亦上观法于天，下取法于地，近取诸身，远取诸物，于是始削桐为琴，绳丝为弦，以通神明之道，合天地之和焉"。根据考证，至迟在商周时期我国即已出现属于丝弦发声的乐器，俗称古琴。早期的琴有五弦、十弦不等，约至秦汉时定型为七弦。琴面有标志泛音位置及音位的"徽"，这种标志始于周朝，定形于汉代，有没有徽是区别琴与瑟的标志。琴在古人心目中是表征道德、十分高雅的乐器，古人认为琴之大小得中而声音和，是"正雅之声"，可以使"善心胜、邪恶禁"。琴产生以后，琴人、琴谱、琴歌、琴论在历代沿革中形成了完整的体系，琴成为中国乐器的主要代表，影响极大。古代乐曲赖琴得以保存下来的极为丰富，现存古琴谱有200余种。

瑟与琴同属丝弦发声的乐器，形状与琴相似，但无徽位。传说瑟原有五十根弦，后黄帝让素女鼓瑟，哀不自胜，破为二十五弦，每弦有一柱，用以调弦。

关于瑟的规制，古籍中还有这样的记载："人君冬至日，使八能之士，鼓黄钟之瑟，瑟用槐木，长八尺一寸；夏至日，瑟用桑木，长五尺七寸。"

古代常以瑟与琴配奏，音色协调，后人借喻夫妻关系和谐为"琴瑟和鸣"。瑟于隋唐以后民间不传，只用于宫廷雅乐。湖南长沙浏域桥一号楚墓出土的瑟，是迄今发现最早的春秋晚期的制品。天坛现存有清代中和韶乐所用的古瑟。

瑟

琴

古琴演奏

瑟演奏

（4）竹类的八音乐器

中和韶乐使用的竹类乐器有排箫、龙箫、龙笛、竹篪。

箫是古老的竹制乐器，传说为舜所造，《尚书·益稷》中写道："舜作竹箫，箫韶九成，凤凰来仪。"古代的箫有两种，一种是洞箫，单管直吹，另一种是由多根竹管制成的排箫，"其形参差，像凤之翼，十管，长一尺"。排箫多用于庙堂祭祀、宫廷朝会、宴享盛典，宋代以后民间已渐失传，只用于宫廷雅乐。

笛子在民族乐器中为现代人所司空见惯，它可是中国悠久音乐文化的见证，考古发现的河南省舞阳县贾湖村新石器遗址的骨笛，距今已有8000年的历史，现在还能够吹奏出完整的民歌《小白菜》的旋律。

篪是形似笛箫但规制奇特的吹管乐器。它的两端是封闭的，六个音孔前五后一，并且与吹孔不在一个平面上，演奏时与笛子持法有异，双手手心向后。篪在古代常与埙配奏，《诗经》中有"伯氏吹埙，仲氏吹篪"的诗句，后人因此把"埙篪"比作兄弟情谊。篪在唐宋以后民间已经不传，只用于宫廷雅乐，得益于中和韶乐留存至今。

排箫演奏

龙箫演奏

龙笛

篪

篪演奏

排箫

（5）木质类的八音乐器

古代属于木类的乐器有多种，中和韶乐保留了"柷"和"敔"两种。"柷"以木制作，形如古代量器中的升斗，上宽下窄，三面壁上正中各隆起为圆形，作为演奏时击打之处，一面壁上留有圆孔以出音。击柷用的木锤名称为"止"，但是柷在演奏中和韶乐时的作用却是用于起乐，击柷三声，音乐声起。柷之所以用于起乐，是因为其形状与周易八卦中震卦的卦形相似，下实上虚，而震卦属雷，"雷出地奋为春分之音，故为众乐之倡"。

"敔"在中和韶乐中用于止乐。形如伏虎，以木雕成，背上长条凹槽排列嵌入27枚木条成梳齿状，名为"龃龉"。演奏时，每当乐章结束，乐工手持"籈"自虎尾向虎头刮拨龃龉发出声音，以示乐止。"籈"以长约80厘米的粗竹为之，其半破分为24茎，呈刷状。雕刻成伏虎形状是源于《易经》，周易八卦中艮卦的卦意有抑制、停止之意，而艮与地支中寅相对应，寅为虎，因此状如伏虎的敔就被赋予终止乐曲的功能。

柷演奏

柷

敔演奏

敔

（6）土质类的八音乐器

埙是中国古代最原始的乐器之一，以陶土烧制，故在八音乐器中归于土类。古代乐书称："埙者，喧也，周平王时暴辛公烧土为之。"考古发现证实，商代就已经制作出能够吹奏音阶和部分半音的六孔陶埙，形制与现代埙十分相似，说明早在殷商时期，我国的七声音阶已经形成，当时制作的埙已经是一种相当成熟的旋律乐器，形制上趋向规格化。

埙演奏

埙

（7）匏制类的八音乐器

"笙"在八音乐器中属"匏"类，是华夏民族独有的古老乐器，也是世界上最古老的笙簧乐器。传说"笙"为女娲所创，其名称的来源古人有生动的解释："笙，生也，竹之贯匏，象物贯地而生也，以匏为之，故曰匏也。"后世虽将音斗更换为木质，但习惯上仍将"笙"归于"匏"类。

古代与"笙"同类的乐器还有"竽"，不同之处在于，"竽"是用36根竹管安装在截开的葫芦上，用一长咀来吹奏，近似今天南方一些少数民族吹奏的"芦笙"。

由于笙和竽都是依赖竹管底端镶嵌的簧片发声，并且这是其特有的特征，因此在古籍中常把"簧"作为笙和竽的同义语。《诗经》中"既见君子，并坐鼓簧"就是吹奏竽、笙。

笙演奏

笙

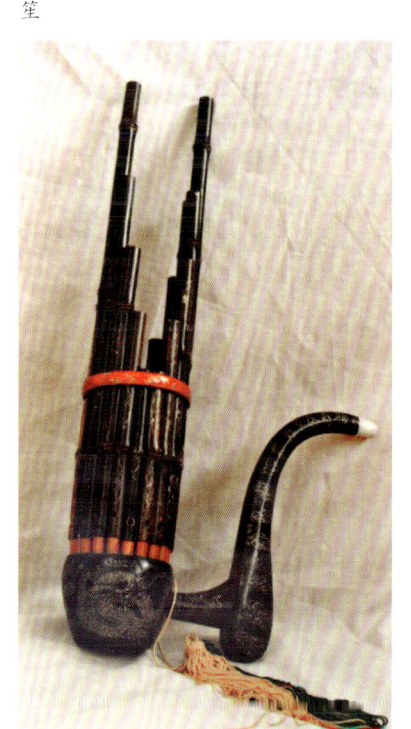

（8）革类的八音乐器

鼓是远古先民祭祀活动中最早使用的乐器，"蕢桴而土鼓，犹若可以致其敬于鬼神"。古代祭祀用鼓的种类很多，《周礼》有六鼓之说：雷鼓八面祭天，灵鼓六面祭地，路鼓四面祭祀宗庙鬼神，还有鼖鼓、皋鼓、晋鼓等。因鼓以皮革蒙制鼓面振动发声，所以归于革类乐器。中和韶乐中使用的革类乐器有"建鼓"、"搏拊"这两种。

建鼓鼓身圆而长，用一木柱直贯鼓身以为支柱，流行于战国时期。现存最早的实物出土于曾侯乙墓，天坛收藏的建鼓是清代祭天时所用的原物。建鼓最早源于商代，名为"楹鼓"。隋《音乐志》记载："建鼓，商人柱贯之，谓之楹鼓。近代相承，植而贯之，谓之建鼓。盖商所作也。"

"搏拊"的形状与今天的腰鼓十分相似，平时放置于被称为"跗"的木座之上。演奏中和韶乐时，乐生将"搏拊"挎在脖子上，悬于身前，以左右手击打鼓面。"建鼓"每击一下，"搏拊"击打两下，以应和乐曲的节奏。

搏拊演奏

搏拊

建鼓演奏

建鼓

中和韶乐集礼乐歌舞为一体，其舞蹈分为"武功舞"与"文德舞"，用以颂扬皇家的文治武功。"武功舞"的表演者手执代表武器的干（盾牌）、戚（斧头），形象威武，动作强悍，以显示雄壮的军威。"文德舞"的表演者手执羽、籥。

羽、籥

　　羽、籥用于文德舞。舞生左手执籥，右手执羽。羽，木柄，上插雉羽。籥，竹管，六孔。

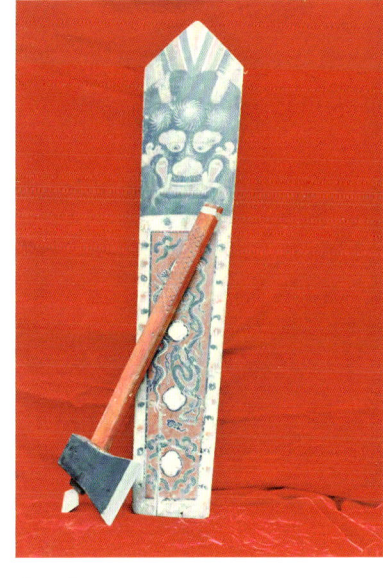

干、戚

　　干、戚用于武功舞。舞生左手执干，右手执戚。戚，木质，像斧头，柄长。干，木质，像盾牌，中间写有四字。

中和韶乐的舞蹈场景再现

2.皇家乐府世代沿袭

明清时期中和韶乐的管理机构设在天坛神乐署。明代神乐署称神乐观,隶属太常寺管理,清代初沿明制,乾隆七年(1742年)设乐部。中和韶乐分为祭祀乐、朝会宴飨乐和卤簿乐,由太常寺、神乐观、和声署、掌仪司、銮仪卫分别管理,统归乐部领导。

把祭祀乐舞的管理机构建在祭坛为朱元璋首创。这里负责培养和训练乐舞人才,"以备大祀天地、神祇及宗庙、社稷之祭"。

明永乐十八年(1420年)迁都北京时,有300名乐舞生随驾进京。以后,明代神乐观常有乐舞生600名左右。到嘉靖年间,神乐观的乐舞生总数达到2200名。清代顺治元年(1644年),乐舞生定员为570人,分为乐生180名、文舞生150名、武舞生150名、执事乐舞生90名。作为当时最高的乐舞学府,可见其规模之宏大。乐舞生又称"敬天童子",明代皆选用年少俊秀的道童和公卿子弟。清代则选用八旗子弟充任。

设立专门机构管理乐舞和培训乐舞人员古已有之。《周礼·春官·宗伯》中记载:负责乐舞的职官就有大司乐、乐师、小师、钟师、磬师、笙师等。大司乐专门教授贵族子弟学习乐德、乐语、六舞、六同等,乐师负责教小舞,其他如钟师、磬师等教授各种乐器。

清代设立乐部以后,设管理大臣一名掌管礼乐,也称其为"典乐",以礼部满洲尚书一人兼之,后改各部侍郎、内务府大臣兼理,有时也"特旨简派"王公大臣中懂乐律的,没有固定官员。神乐署设署正1人,官职六品,另有署丞2人,协律郎5人,司乐25人,乐生180人,舞生300人。"皆隶属太常寺,掌郊庙、祠祭诸乐"。

神乐署

神乐署始建于明永乐十八年(1420年),初称神乐观,由道教正一派主持,道士充任乐舞生,演习乐舞以备祭祀之需。明代神乐观内有太和殿、玄武殿、天师府、关帝庙、三圣庙诸殿宇。清乾隆八年(1743年),改名神乐所,驱逐观中道士,乐舞生改由八旗子弟充任。乾隆十九年(1754年),更名神乐署,设署正、署丞等职官,成为管理教习礼乐的衙署。1900年,神乐署曾被八国联军侵占,日本侵华时在此建生物实验室,实为日军西村部队研制细菌武器之所。2004年,北京市政府投巨资恢复神乐署原貌,辟为古代皇家音乐展馆。

神乐署碑

明清两代曾多次对神乐署进行修缮,神乐署内现存明弘治及清康熙年间神乐观修缮记碑。因碑体风化,碑文残缺不全,无法识其全貌。

凝禧殿

凝禧殿为神乐署正殿,建于明永乐十八年(1420年),明代称太和殿,清康熙十二年(1673年)更名凝禧殿。凝禧殿为五开间,面积达908平方米,为演习祭祀礼乐的场所,殿前有宽大的丹墀,为演习"八佾"舞站位之处。

舞谱、乐谱、中和韶乐表演

中和韶乐传承了中华民族优秀的雅乐乐舞文化，是珍贵的非物质文化遗产。虽然由于历史条件的局限没有留下音像资料，但是留存于历史文献中的舞谱、曲谱为后人研究、再现中和韶乐乐舞提供了可信的依据。舞谱详细绘制了舞蹈的每一个动作，并附有动作要领的文字说明，乐谱翻译成简谱形式，人们就可以很容易地依照曲谱演奏、歌唱。天坛管理者根据这些资料复原了祭祀乐舞，再现了祭天乐舞的场景。

中和韶乐演奏

中和韶乐乐谱

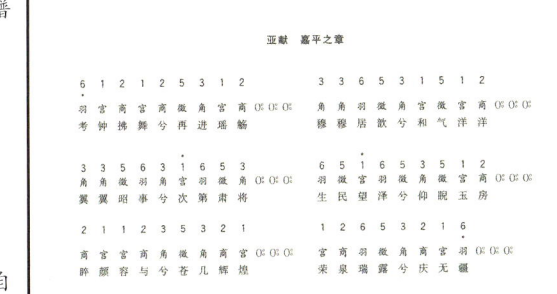
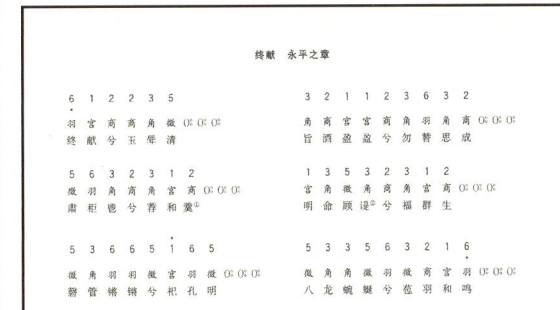

中和韶乐舞谱（采自《律吕正义后编》卷6）

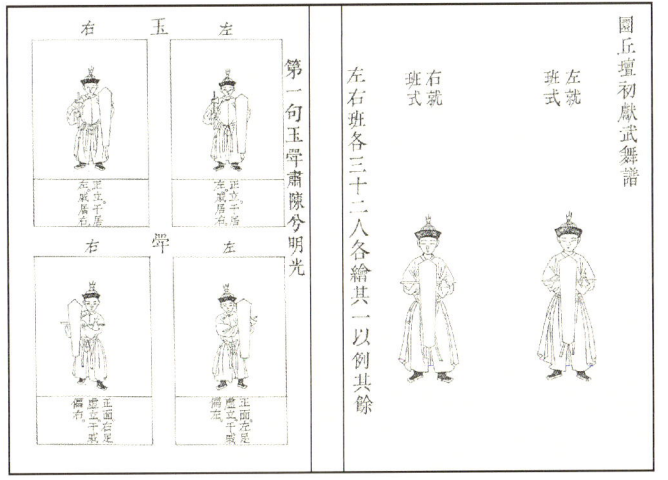
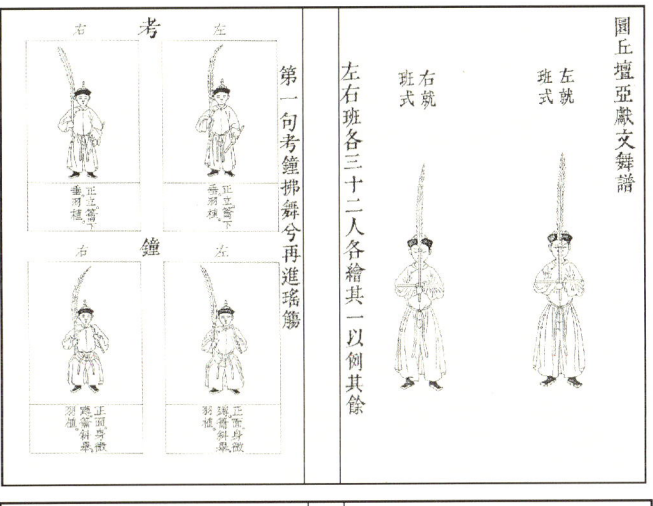
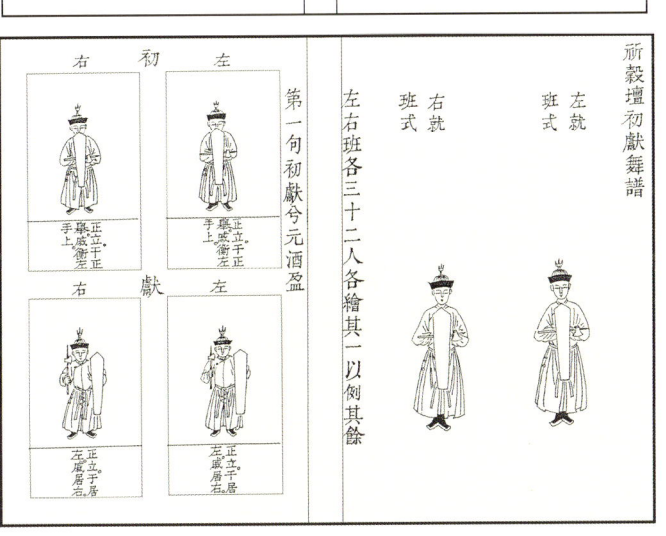
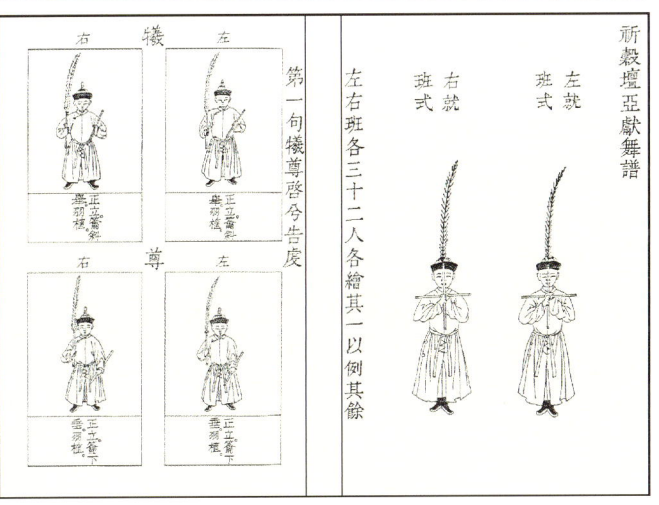

3.厚葬中奢华的葬品

厚葬是中国古代丧葬文化的最典型特征。封建统治者更是通过修建豪华宏大的陵寝、举行规模浩大的葬礼、随葬大量的冥器，甚至用以活人殉葬的厚葬方式，来显示皇家的尊贵与威严，致使社会厚葬风气盛行。明清皇家陵寝中大量的奢华贵重的随葬品充分证实了这一点。

20世纪50年代，在明十三陵定陵考古发掘中，出土了3000余件明代万历皇帝朱翊钧与皇后的随葬品。种类繁多，价值珍贵。各种生活用品寓意死者如生，皇冠、凤冠、龙袍、玉圭、玉带象征皇权依旧。

这些随葬品造型华美，制作精细，工艺高超，具有极高的艺术价值，充分体现了中华民族的智慧与创造力。

古代丧葬以物品随葬，忠实记录并保存了中国古代社会政治经济、思想文化、科学艺术、宗教习俗等历史信息，甚至比古籍文献的记载更客观、更详实、更准确。由于这些随葬品埋藏于地下，很好地保存下来，成为极具历史价值的实物见证。如古人在战国时期魏墓中发现的古代史书《竹书纪年》，就弥补了传统史料的疏漏；在《大明会典》中记载了皇帝的衮服样式，与明代南薰殿所遗明代诸帝画像中的衮服样式不一致，而定陵出土的皇帝衮服实物，不仅填补了史料记载的不足，同时也为明代皇帝服制的研究提供了宝贵的实物资料。

凤冠

皇后受册、谒庙、朝会时戴用的礼冠。按《大明会典》记载，洪武、永乐时定制，皇后凤冠应是九龙四凤冠，但定陵出土的四顶凤冠分别为九龙九凤冠、六龙三凤冠、十二龙九凤冠和三龙二凤冠，均与文献记载不同。可见，到了明代晚期，原定冠服制度已有改变，凤冠日超华丽，宝石、珍珠镶嵌数量惊人，这是明代晚期宫廷生活日益奢靡的表现。其中，六龙三凤冠上镶嵌有红、蓝宝石100余块、珍珠5000余颗，珠光宝气，富丽堂皇，突显皇后母仪天下的高贵身份。此图为十二龙九凤冠。

祭祀乐舞的华彩篇章

文化北京图卷 **坛庙与陵寝**

品味坛庙与陵寝的祭祀情怀

金冠

皇帝常服所戴冠，是用极细的金丝编制而成。其前屋花纹空档均匀，疏密一致，有如翼翼罗纱轻盈透明。后山饰以累丝的二龙戏珠，造型生动，栩栩如生。金冠的出土有力地证明了明代在冶炼、拔丝、编织、堆累、焊接等工艺技术上已经达到了极高的水平。

祭祀乐舞的华彩篇章

皮弁

皇帝视朝、降诏、降香、祭祀时服用的礼冠。弁以细竹丝编结成六角形网格状作胎，上糅黑漆，面敷黑纱。弁前后各十二缝，每缝内钉包金竹丝一缕。缝中各缀玉珠九颗、珍珠三颗。

乌纱翼善冠

翼善冠的戴用始自唐太宗李世民。冠名是因为其"转脚不交向前，其冠缨像'善'字"而来。按《大明会典》所注，乌纱折角向上巾即当时所称的"翼善冠"，是皇帝日常视朝时所戴。同时，从明英宗始，它又是皇帝去世后穿戴的"寿衣"。

铁盔

盔圆顶，宽平沿，顶用六块铁板构成，上嵌金制玄武大帝坐像，盔的六面嵌金制六甲神，气魄雄伟，姿态各异。玄武大帝又称真武大帝，是镇慑北方之神。六甲神是道教神，为天帝所役使，能行风雷、制鬼神。在盔上装饰玄武大帝和六甲神，当有祈禳驱魔之意。

冕冠

皇帝祭天地、宗庙、社稷、先农以及正旦、圣节、册封等大典时所戴的礼冠。其上有前圆后方的冕板，冠体饰以玄表纁黑的丝织物，前后各有十二旒，每旒五彩玉十二珠，意"蔽明"，示王者不视非和不视邪。冠上玉簪贯钮，左右各有充耳，意"塞明"，示不听谗言，不闻不急之言，有规劝人君不听谗、明是非、求大德而不计小过等意义。

坛庙与陵寝

品味坛庙与陵寝的祭祀情怀

织金寿字龙云肩通袖龙襕妆花缎衬褶袍

出自明定陵地宫万历皇帝棺内。形似上衣与下裳，但中间相连不断开，交领，下裳部分打合抱褶。面为织金妆花缎，罗里。地纹是灵芝捧金寿字、仙鹤托金寿字。主纹上衣部分为龙云肩通袖柿蒂形，下裳部分有龙襕，饰龙戏珠、海水江崖及云纹，皆金线绞边。小襟里侧绣字"万历四十七年八月二十二日造长……"。

红八吉祥纹罗绣龙方补交领龙袍（局部）

出自明定陵地宫万历皇帝棺内。其补子直接绣在龙袍的前胸和后背。龙身用四根金线盘绕成外轮廓及龙鳞，钉线绣，龙首、龙眼、龙眉用绒包柱线钉线绣，龙腹缠针绣，云以丝线抢针绣，水浪、八宝纹钉绒包柱线，金线钉边。

蓝四合云纹亮花绸绣四团龙补交领夹龙袍（局部）

祭祀乐舞的华彩篇章

坛庙与陵寝

品味坛庙与陵寝的祭祀情怀

红素罗绣平金龙百子花卉方领女夹衣（百子衣）

出自明定陵地宫孝靖皇后棺内。女夹衣，方领，对襟。前襟上部绣二龙戏珠，后襟为正面龙戏珠，其间绣八宝及花卉纹。衣上所绣百子图案精彩生动，按故事情节，可分为戏珠图、博戏图、观鱼图、观摔跤图、沐浴图、蹴鞠图及斗殴图等画面，儿童天真活泼的神情刻画得惟妙惟肖、淋漓尽致。整件衣服设计独特、图案丰富、配色多样、针法多变，是一件不可多得的刺绣珍品。

蹴鞠图（百子衣局部）

中间一童子头戴小帽，身着棕色圆领长袍，腰系带，正在击球；两侧各站一人，均身着长袍，腰系带，在观看精彩的球技表演。

斗殴图（百子衣局部）

两个童子正在激烈撕打，其中一人的一只鞋子掉落在地。旁边一个童子急忙赶过来，进行劝解。

祭祀乐舞的华彩篇章

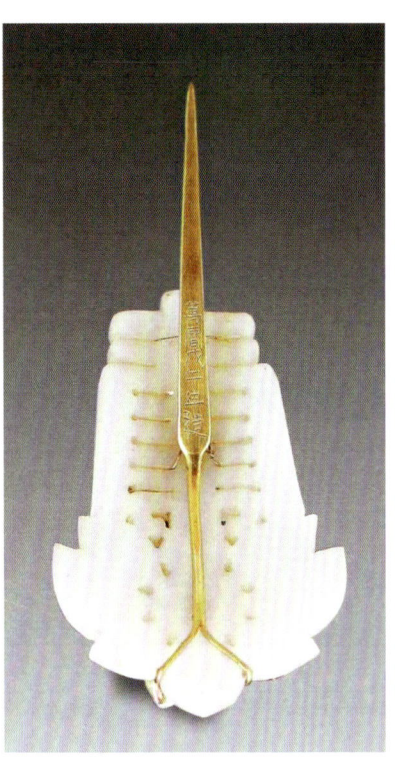

镶宝玉寿字金簪

出自明定陵地宫孝端皇后棺内。簪顶部附白玉雕寿字及花形玉饰，并且在玉饰上镶以金托，内嵌红、蓝、绿各色宝石和猫睛石。簪背面中部刻有"万历戊午年造"。

镶宝花丝人物金簪

出自明定陵地宫孝靖皇后棺内。簪顶有花丝制作的莲花座及佛背光托，托上承花丝人物坐像，像周围及莲花座嵌红蓝宝石。人物面部方圆，向左侧视，左手压右手相交于腹部，上身着右衽短大衣，下系裙，一足露于裙外。头梳高髻，横插一簪。肩披飘带由胸前过两腋下托于足。

镶珠宝玉佛金簪

出自明定陵地宫孝端皇后棺内。簪顶部为莲花座及佛背光花丝托。莲座托内嵌宝石，托上部两侧系珍珠。佛背光内嵌白玉一块，其上附有红玉雕出的半身佛像。

镶珠宝花蝶镏金银簪

出自明定陵地宫孝靖皇后棺内。簪顶部焊接有蝶形花丝金托，托内嵌蝴蝶一只，蝶身为银质，翼为绿玉制成，蝶须各系珍珠一颗。上部嵌白玉梅花一朵。在蝶背及花心各镶红宝石一块。

镶猫睛石金簪

出自明定陵地宫万历皇帝棺内。簪顶为轮盖形金托，内镶猫睛石一块。猫睛石"一线中横，四面活光，轮转照人"。

镶珠宝花蝶镏金银簪

出自明定陵地宫孝靖皇后棺内。簪顶部焊接有葵花、灵芝和云头形托，托上嵌花蝶。其上分两部分，一部分为白玉雕成的双层菊花，两层之间嵌宝石一周，顶心嵌红宝石；另一部分下层在碧玉托上嵌宝石，云形托上嵌珍珠，上层为一花丝蝴蝶，蝶背上嵌猫睛石，蝶须系珍珠。在蝶花之间及蝶后部还插有镏金银制花枝。

"喜报平安"金耳坠

出自明定陵地宫孝靖皇后棺内。耳坠作塔形，中心镂刻双喜字，下部为瓶形，瓶腹刻"安"字，喜字两侧刻爆竹纹，文字与图案共同组成吉祥图案，寓意为"喜报平安"。

玉兔耳环

出自明定陵地宫孝靖皇后棺内，贯穿耳部的金环为圆形，其下连缀有一个玉兔坠饰，造型采自传说中月宫里"玉兔捣药"的神话故事。白玉雕成的兔子垂直站立，前面两肢合抱一杵，似在用力捣药，杵下雕有放药的玉臼。玉兔的头顶上镶有一颗红宝石，作为金环与玉兔之间的过渡装饰。玉兔的下肢则双爪踏着一组金制镶宝石的祥云。玉兔的双目以红宝石点缀，显得炯炯有神，其构思不凡，巧夺天工。

玉带

玉带是明朝帝后礼服的重要组成部分。以玉件的多少、大小来区别等级。一般官员不许佩玉。文献记载，明初文臣腰玉者不过五人。后来由于滥行赏赐，腰玉者遂逐渐增多。定陵出土玉带10条，大都采用上乘的羊脂玉和碧玉制成。

大碌带

出自明定陵地宫万历皇帝棺内，据带下黄色绢条上的墨书"宝藏库取来大碌带"而得名。其上有祖母绿20块，石榴子红宝石91块，残朽珍珠4颗。其中价值最高的是祖母绿。它属绿柱石类，产于西伯利亚、巴基斯坦、克什米尔、哥伦比亚等地。质优者在国际市场上可与钻石相媲美。史载，明代时一官吏有祖母绿一颗，富商以五百金购之，不售。可见该种宝石的珍贵。

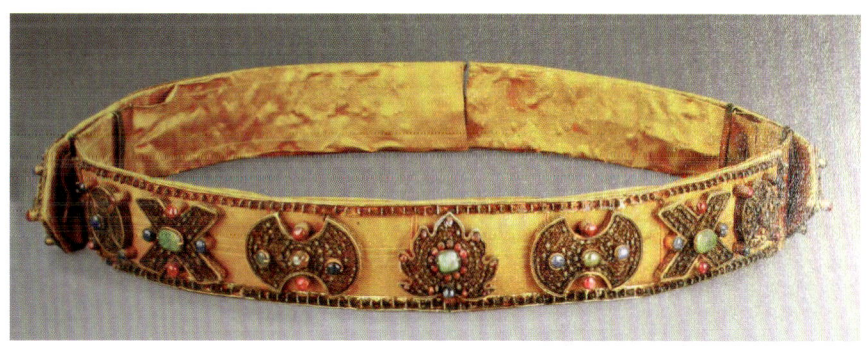

宝带

出自明定陵地宫万历皇帝棺内。其上缀连有花丝镶嵌制成的"八宝"及长方形带饰20块。每一饰件上都镶嵌有宝石，并缀有串形草珠。其"八宝"有银锭、金锭、古钱、连胜、珊瑚、如意云、犀角、宝珠。前面正中为长方形饰件，浮雕正面龙及云纹，其上镶嵌有猫睛石及红、蓝等各色宝石100余块，价值连城。

祭祀乐舞的华彩篇章

镶珠宝长条形金带饰

出自明定陵地宫万历皇帝棺内。金带饰正面中间一行嵌宝石，两侧焊制流云纹并嵌珍珠。四壁镶串枝灵芝形。背面两端有花丝制作的灵芝纹方形钮，底以窗格形纹为地，中心嵌寿字，上部两侧嵌松竹，下部嵌梅花、灵芝和仙鹤。四只仙鹤姿态各异，或作展翅欲飞状，或作回首状，或作单腿直立状，形象非常优美生动。

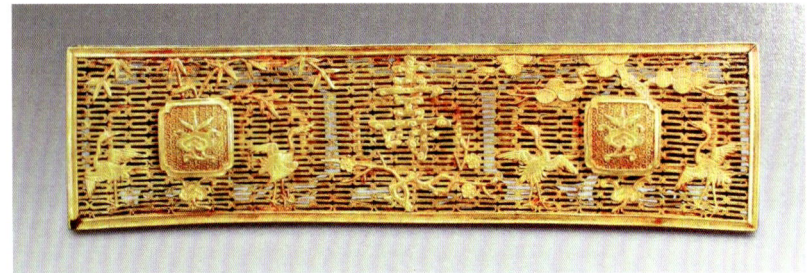

镶珠宝"心"字金带饰

出自明定陵地宫万历皇帝棺内。金带饰为花丝镶嵌，做工精细，构图新颖。整个"心"字由上下两层花丝组成，四壁为缠枝花纹，正面嵌猫睛石及红蓝绿白宝石和珍珠。背面两端有花丝圆形钮两个。

碧玉带钩

出自明定陵地宫万历皇帝棺内。带钩雕作龙首形，背部有一圆形钮，上刻灵芝纹。龙颔嵌珍珠，腹部嵌宝石。

水晶带钩

出自明定陵地宫万历皇帝棺内。钩雕作绵羊头形，两只长长的角向后弯曲，形象十分逼真。背部有一圆形钮。

镶珠宝金带饰

出自明定陵地宫万历皇帝棺内。其上正中镶嵌猫睛石，四周装饰红、绿宝石及珍珠。猫睛石，为具幻光性的金绿宝石亚种，产自细兰国（今斯里兰卡），石色淡黄，中含青纹，经琢磨成型后，出现游动的光带，宛如猫眼而得名。在明代，指面大小的猫睛石即价值千金（一千两白银）。

金粉盒

出自明定陵地宫孝端皇后棺内。盒八棱形，子母口，盒内装一粉扑盖，上刻龙戏珠纹，圆钮，周有子孔，用线缀连棉絮。器盖与器身皆为沙地，器口和盖口刻连续的变形云纹。器腹与盖壁均相应分成八格，每格刻一游龙纹。盖面刻正面龙和海水江崖云纹。

金酒注

出自明定陵地宫万历皇帝棺内。金酒注精巧秀丽，器形别致，注体遍刻云龙花卉纹，注腹两侧各嵌白玉雕成的正面龙，龙的眼睛嵌以鲜艳的红宝石，具有"画龙点睛"之意。

金壶瓶

喇叭口，细长径，鼓腹，圈足，腹最大径靠下部。覆盆式圆钮盖。盖钮金链与项环相连。素面。底部刻铭文一行："大明万历庚申年银作局制金壶瓶一把盖攀索全重三十两"。

花丝镂空金盒玉盂

出自明定陵地宫万历皇帝棺内。金盒上嵌花丝二龙戏珠纹饰，腹部刻云龙赶珠及海水江崖纹，圈足上刻海水江崖纹。底外壁刻铭文："大明隆庆庚午年银作局造八成色金盒一个，碟全重二十八两六钱。"玉盂腹部饰变形凤纹，爪持灵芝。盂底有圆形木托，髹黑漆。

金爵

出自明定陵地宫万历皇帝棺内。爵腹外壁压刻半浮雕式的二龙戏珠及海水江崖纹饰，腹内壁刻勾连云纹。爵下有金托盘，托盘上嵌红、蓝宝石及珍珠，构思巧妙，装饰华丽，具有很高的艺术价值。万历中后期，朱翊钧极少上朝问政，终日深居后宫，沉湎酒色。文献记载，万历帝"每餐必饮，每饮必醉，每醉必怒，左右一言稍违，辄毙杖下"。

玉爵

出自明定陵地宫万历皇帝棺内。玉爵设计别致，琢工精细。其一侧附透雕龙形把，一条龙作攀附状，弓背，两只前爪抓在爵沿部，口与柱根相接，后爪立于爵腹，尾上卷，龙头小心地探出杯沿之上。爵流及尾的外壁各刻一正面龙纹，龙的两只前爪各托一字，即"卍"和"寿"字。爵底托配以镶宝石的金盘，盘中刻波涛汹涌的海水，中有高山屹立，并镶以各色宝石，寓意"寿山福海"。

双凤银盆

出自明定陵地宫孝靖皇后棺内。盆沿面刻缠枝莲花纹，底内壁刻双凤纹，纹样部分鎏金，并在盆内壁腹与底相接处鎏金一周。盆沿背面刻有铭文："大明万历壬午年银作局造"。

金盏

出自明定陵地宫孝靖皇后棺内。盏下部有托及承盏座。盘中心立一树墩形座承盏，盘沿面刻套连云纹，腹壁饰流云、八宝纹，底内壁为沙地，刻云龙纹。座口下折成双层，饰如意云纹，其下为覆莲纹。

青花梅瓶

出土时有大小两种。小的形制为小口、短颈、丰肩、收腹、平底。摇铃式盖,顶为圆钮。盖外壁饰云纹,顶饰八宝纹。肩绘如意云头纹,内绘莲花,两云头之间饰璎珞纹,腹部为串枝番莲纹,胫部饰变形莲瓣纹。颈下楷书款"大明嘉靖年制"。大的形制为小口、短颈、丰肩、收腹、平底。摇铃式盖,顶有圆钮,下有一孔眼,盖内顶部有空心柱状体。盖钮及顶部饰变形莲瓣纹,盖侧壁饰二龙及番莲纹,肩部和胫部饰变形莲瓣纹,腹部绘龙纹、番莲纹。颈下楷书款"大明万历年制"。青花梅瓶均出自明定陵地宫后殿的棺椁四周,可能是一种"风水瓶",作为"四方(樟为方)清(青)平(瓶)"的象征。

青花油缸

明代时,江西景德镇的烧造业已进入极为成熟的发展阶段。青花瓷则更以清新明丽、典雅凝重而久负盛名。洪武初年始设御窑厂20座(号称官窑),专为宫廷烧造各类瓷器。明朝中后期宫中用度不断加大,到了万历年间,御窑厂竟增至300多处。定陵出土的青花油缸以其瓷中大器而著称于世。油缸白地青花,口部饰卷草纹一周,颈部及近底部各饰莲瓣纹两周,腹部绘云龙纹,云飘逸流动,龙矫健有力;两龙昂首曲颈,腾跃于流云之中。缸的上部有款:"大明嘉靖年制"。

明定陵地宫中殿原状

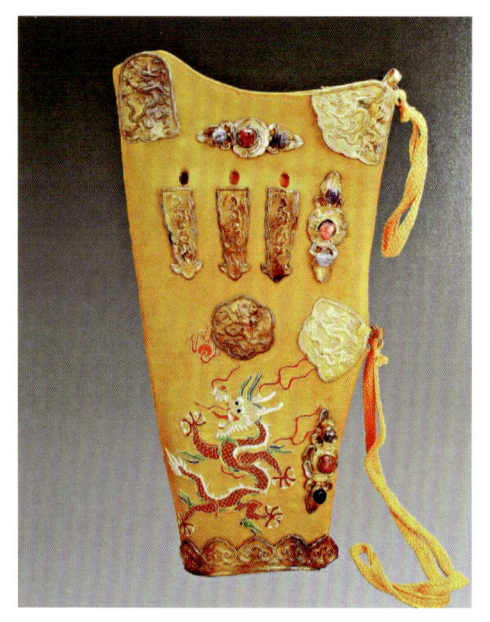

箭袋（复原）

出自明定陵地宫后殿随葬箱内。袋正面镶有不同形式的镏金银饰，其上饰有浮雕式姿态各异的龙纹。饰件背面有两个或三个书钉式钉脚，插入袋内向两边分开固定饰件。出土时箭袋内装有藤杆铁镞箭三十支。

三彩瓷炉

出自明定陵地宫万历皇帝棺椁外。三足由三螭首构成，作仰视透雕式，二螭尾上卷形成两个炉耳，饰透雕灵芝花纹。一螭尾部贴于炉腹，形成半浮雕式花纹。炉底有款："大明万历年製"。设计新颖，造型别致。

三彩瓷觚

出自明定陵地宫万历皇帝棺椁外。觚腹部绘有官员出行图案，上有流云，下有草地，加之颈部绘的山石、花卉、蜂、蝶、蜻蜓等草虫纹及肩部的云头纹，别具特色，是不多见的珍品。觚底有款："大明万历年製"。

铜镜

出自明定陵地宫孝端皇后棺内。铜镜仿汉式规矩镜。在钮座外有一方栏，内有十二乳钉纹，栏外有八乳，并有"T"、"L"记号，其间饰"卍"字及兽纹，边缘为锯齿纹和变形云纹。

镜架

镜架金地，分别用红、绿、黑漆描绘纹样：边框抱鼓内外两侧均绘绣球纹，边框上部及内外两侧绘赶珠龙纹；横撑及支柱横轴绘八宝纹和云纹；花牙绘云纹；支柱绘升龙戏珠及寿山福海；镜托绘二龙戏珠和云纹；镜靠正、背两面均描绘二龙戏珠、云纹和寿山福海，边缘部分绘卷草纹。

木人俑

出自明定陵地宫后殿的器物箱内，均扁平体、直立、拱手，多数两手隐于袖中，头戴冠，身着交领或圆领长袍或短衣，足穿皂靴。面部敷粉，黑绘眉目，唇涂朱。木俑用材有杨木、云杉、落叶松等，采用圆雕的手法刻制而成。这些内侍木俑为研究明代内臣的服饰制度提供了难得的实物资料。

万历谥宝

出自明定陵地宫后殿随葬箱内。谥宝梨木制成，印作方形，上雕龙钮。钮与印可以分开，以四根木钉插合一起。印刻阳文篆书，文曰"神宗范天合道哲肃敦简光文章武安仁止孝显皇帝之宝"。

木马俑

出自明定陵地宫后殿。马俑用杉松雕刻制成，黑褐色。马俑头部有皮制辔头及马缰绳，颔下有铜马衔，颈系革带，下部系小铜铃。背上有木制马鞍，其上又置有数层织金纱作鞍垫。鞍下部两侧还各有一块椭圆形皮革，于脊背处用线连缀，即所谓的"障泥"，其下部每侧各系三个铜铃，铃之间有泡缨穗。马尾下部又有横皮条自两侧上连于"障泥"上，每侧皮条上各有泡缨穗，鞍两侧有铜马镫，两镫之间还有皮条相连接。

四、传承坛庙与陵寝的文明精髓

　　源于自然崇拜、用以祭祀天地神祇的坛庙建筑，以及源于祖先崇拜、用以安葬历代帝王的陵寝建筑，是中国古代除宫殿建筑外最为重要的国家级建筑类型。它们历史悠久、规模浩大、建筑宏伟、工艺精湛，具有独特的风格与象征意义。

　　这些坛庙与陵寝的营建，曾经云集了天下的能工巧匠，倾注了全国的财力物力，它们集古代建筑艺术之大成，代表了当时最先进的技术水平和艺术成就。坛庙中的礼乐祭器和陵寝中的随葬珍宝，汇集了国之重器和天下最为名贵的艺术品，代表了当时最高超的工艺水平。在这些坛庙与陵寝中举行的祭祀神祇和祖先的仪式，也对皇权的加强和社会的稳固起到了深远的影响。它们以儒家的礼制思想为核心，同时结合了释家的生死观念和道家的阴阳五行学说，体现着天地人和的哲学思想，将中国数千年传统文化的精髓淋漓展现。

　　天坛与十三陵，作为北京坛庙建筑与陵寝建筑的代表，集历代礼制建筑之大成，堪称中国坛庙建筑与陵寝建筑的典范。天坛是现存中国古代规模最大、伦理等级最高的祭祀建筑群；明十三陵是现今世界上保存最为完整、埋葬皇帝最多的皇陵建筑群。明代至今600余年的时间里，二者守望于京师南北、中轴线两端，对北京的规划、建设与发展有着极其重要的影响；二者同为北京的世界文化遗产，同样历史悠久、体系完整、规模宏大、气势磅礴；二者交相辉映，共同诉说着北京大地的沧桑过往，书写着中华民族的厚重文明。

　　坛庙与陵寝富于象征力的文化内涵表现在方位、形状、数目、颜色诸方面，均反映了帝制时代皇权至高无上的特点，与古代天地人学说相合，天在上，地在下，人在中间，符合"天人合一"学说。

　　随着时代变迁，天坛与十三陵过滤去礼仪中关于皇权的色彩，被赋予新的时代风貌，使之转化为促进新时代文化腾飞的精神动力。

　　坛庙与陵寝历经千百年的沧桑，保护与发展是为了历史的传承，既尊重历史真实，保存不同文化的记忆；又使人们体验文明从古至今的延续。

上图：北京新中轴线北端奥林匹克公园的大门《民族和谐阙》。标志性的建筑象征着21世纪中华民族的振兴、民族文化的复兴、新时代的中华民族意志。
中图：紫禁城俯视图
下图：清东陵俯视图

(一)贯穿天地人的魅力轴线

明清两代是北京城形成和发展的重要时期，也是中国古代都城文化发展的最后一座高峰。以天坛和十三陵为代表的明清坛庙陵寝，是我国古代国都所特有的礼制建筑，是北京都城体系的重要组成部分，其选址和营建均经过了严格的规划与考量，力求兼顾礼制思想和政治功能；这些建筑建成之后，既成为北京的标志性建筑，又对北京的城市布局和发展变迁有着深远的影响。以天坛为首的九坛八庙，在皇城内外守望京师；十三陵则守护着北方的山川、关隘，与京城遥首相望。当以皇城为中心的内城格局已经基本确立时，位于外城的天坛和都城之外的明十三陵，仍对北京外城和北京郊县古城镇的发展产生着深远的影响。

在古代中国，很多都城与建筑体现中轴线平面布局意识特征。中轴对称、秩序井然，为它们赋予了强烈的伦理色彩和浓郁的理性精神，也使之成为中国古代建筑文化的一大特色。作为有着860年建都史的北京，旧城内保存完好的传统城市中轴线，无疑是北京最具魅力的文化名片。这条旧城的中轴线全长7.8公里，贯穿城市南北。我国著名建筑学家梁思成先生曾经盛赞道："一根长达八公里，全世界最长、也最伟大的南北中轴线穿过全城。北京独有的壮美秩序就由这条中轴的建立而产生；前后起伏、左右对称的体形或空间的分配都是以这中轴为依据的；气魄之雄伟就在这个南北引伸、一贯到底的规模。"

著名考古学家张光直先生在研究中国文明特征及其与西方文明差异时曾指出："中国古代文明中的一个重大观念，是把世界分成不同的层次，其中主要的便是'天'和'地'。"他进一步指出："不同层次之间的关系不是严密隔绝、彼此不相往来的。中国古代许多仪式、宗教思想和行为的很重要的任务，就是……把世界分成天、地、人、神等不同层次，和不同层次的沟通。"《国语》中有一段记载，大意是楚昭王向大臣观射父问《周书》中重、黎绝天地之通是怎么一回事。观射父回答说："古时的人、神分居不杂处，有特殊才力的男女才能交通天地人神。到少皋之衰，九黎乱德，民和神混杂，人人都可以通神了，颛顼就派重、黎把民和神重新分开，天属神，地属民。"可见天、地、人、神沟通的概念由来已久。

中国传统城市设计理念反映出人们对美好自然生活环境的向往，形成了诸如"相土"、"形胜"、"择中"等城市选址理念，以及"天人合一"、"象法天地"、"辨方正位"等建筑设计思想。这些理念与思想又与中国特定的地理环境和传统文化紧密结合，逐渐形成一系列人居环境建设理论。除上述史前时代的聚落遗址外，从魏晋洛阳城的营建开始，到之后的隋唐长安城、北宋汴梁城、辽代南京城、金代中都城、元代大都，都传承了我国都城营建中的中轴布局理念，明清北京城更是一脉相承。可以说目前的北京中轴线正是中国古代城市营建理论经过数千年演变发展成熟的典型范式，代表着我国古代人民在明清时期城市建设的最高成就。更为可贵的是，与其他只能通过考古发现和文献记载来复原的历代都城相比，北京的中轴线是我国古代都城轴线中唯一保存完整的实例。

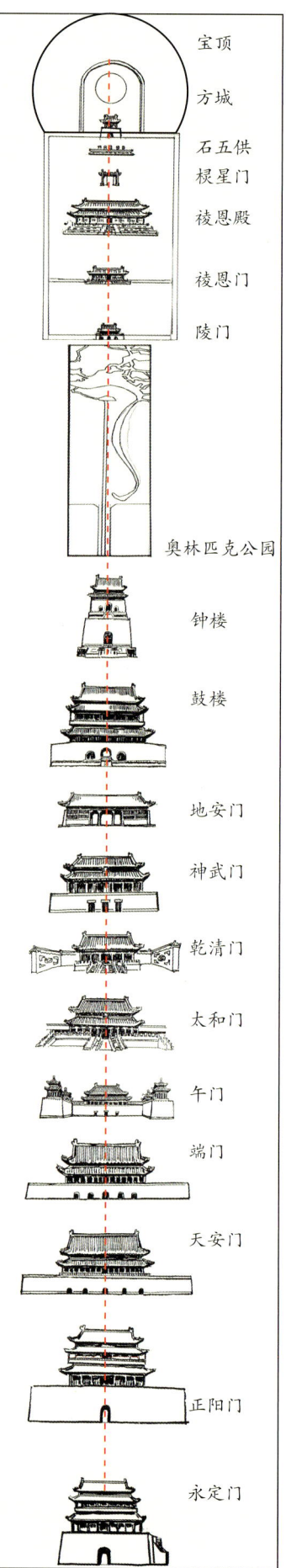

北京城的中轴线

皇城中紫禁城有自己的中轴线，是北京中轴线最重要的组成部分。作为北京城中最重要的建筑之一，天坛靠近中轴线的南端起点，是进入永定门后所见的第一座宏伟建筑，它与西侧的先农坛一起，位于中轴线左右两侧，是中轴线上第一组反应中轴对称、左右均衡的坛庙建筑。十三陵则在北京城北四十公里的天寿山脚下，守护着中轴线北端的余脉。天坛与十三陵又各有其自身的轴线。天坛，自南往北依次有圜丘坛、皇穹宇、丹陛桥、祈年殿和北天门。十三陵，依次有石牌坊、大宫门、碑亭、神道、棂星门，直至长陵。

北京城的中轴线贯通南北，天坛与十三陵的中轴线遥相呼应，使城市、坛庙、陵寝相望相联，天、地、人、神相参相应。

北京中轴线全图（范贻光 绘）

北京城中轴线的对称美

这条中轴线肇始于元代、形成于明清，之后又几经变化，留存至今。如今的中轴线，由南向北依次坐落着永定门、正阳门、天安门、端门、午门、太和门、乾清门、神武门、地安门等九座门，串联起外城、内城、皇城与紫禁城，沿线分布着天坛、先农坛、故宫、北海与钟楼、鼓楼，以及中华人民共和国成立后扩建的天安门广场、人民英雄纪念碑等建筑。它是北京城市构图的核心，也是目前我国保存最完整的一条城市中轴线，被称作"世界城市建设史上的奇迹"。以中轴线为基准分城市为左右，如紫禁城内两侧分布有文华殿、武英殿；皇城内两侧分布有太庙、社稷坛；内城两侧分布有"东四"、"西四"，"东单"、"西单"等街巷牌楼；外城两侧分布有天坛、先农坛；即使在城外，也分布有日坛、月坛等东西对称的建筑。这种中轴对称、左右均衡的建筑分布特征，既符合中国传统文化中的"阴阳"理念，也体现了现代建筑知识中所谓的"对称美"。

北京中轴线建筑对称美示意图（范贻光 绘）

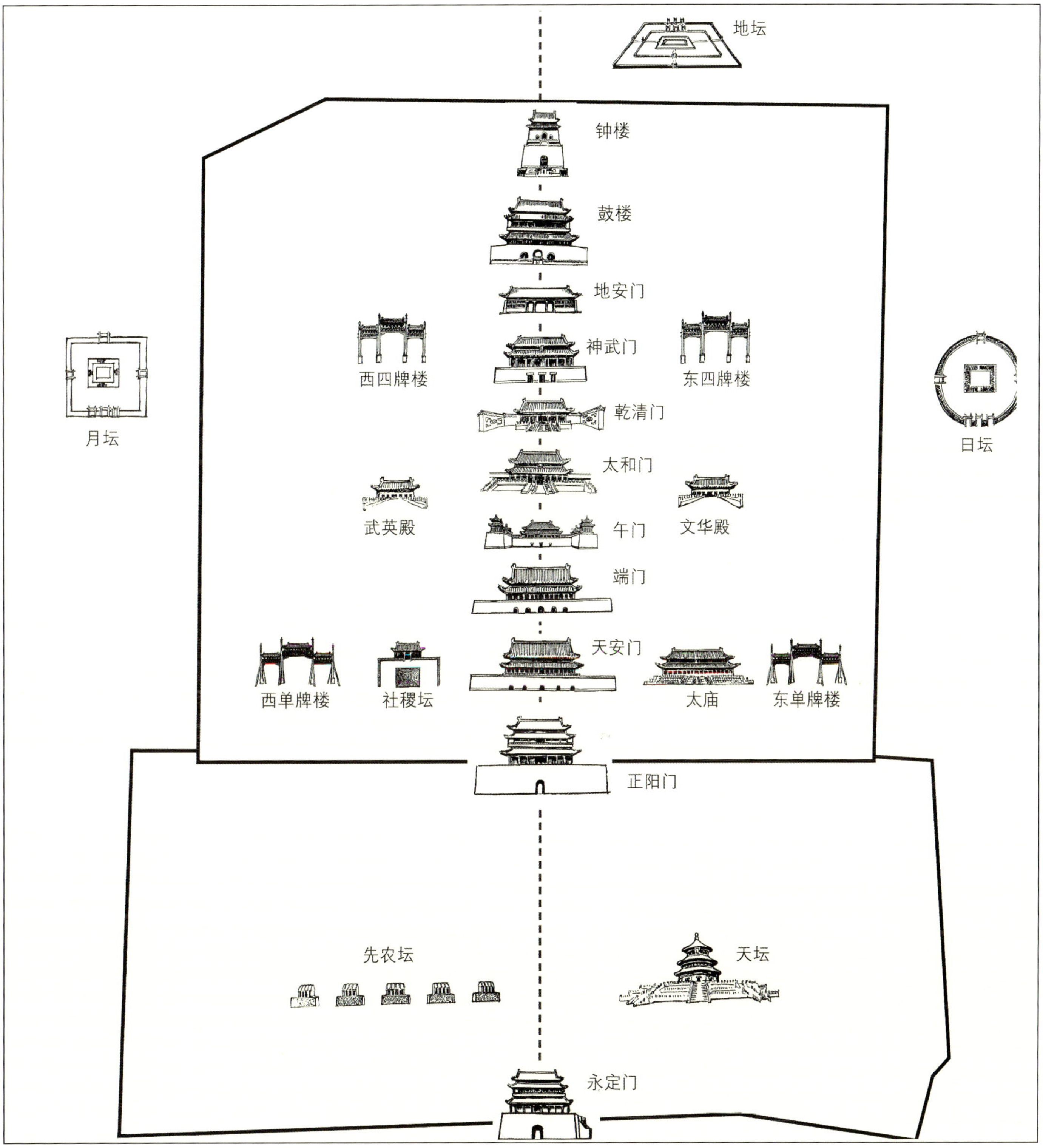

文化北京图卷 坛庙与陵寝
传承坛庙与陵寝的文明精髓

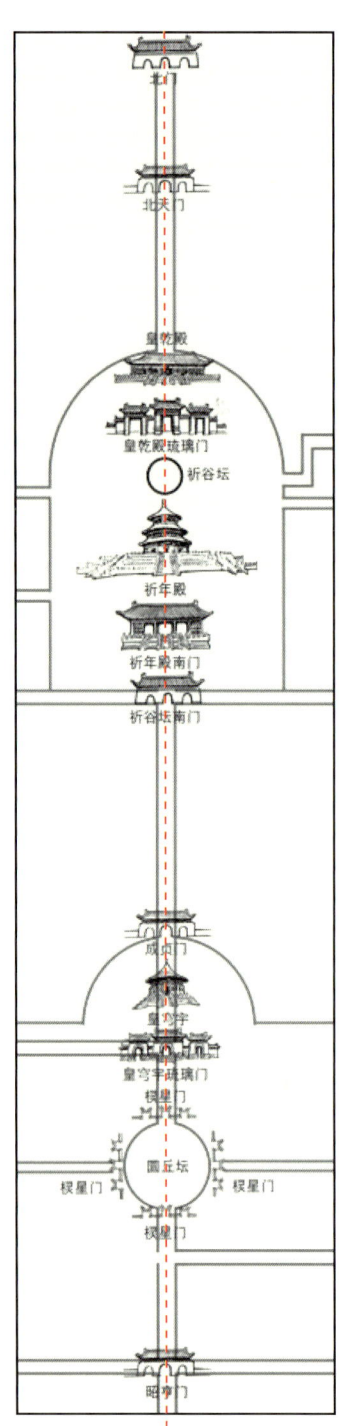
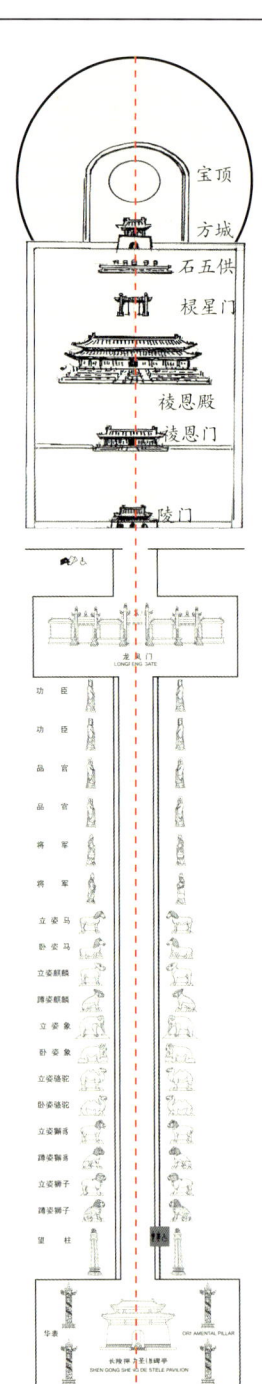
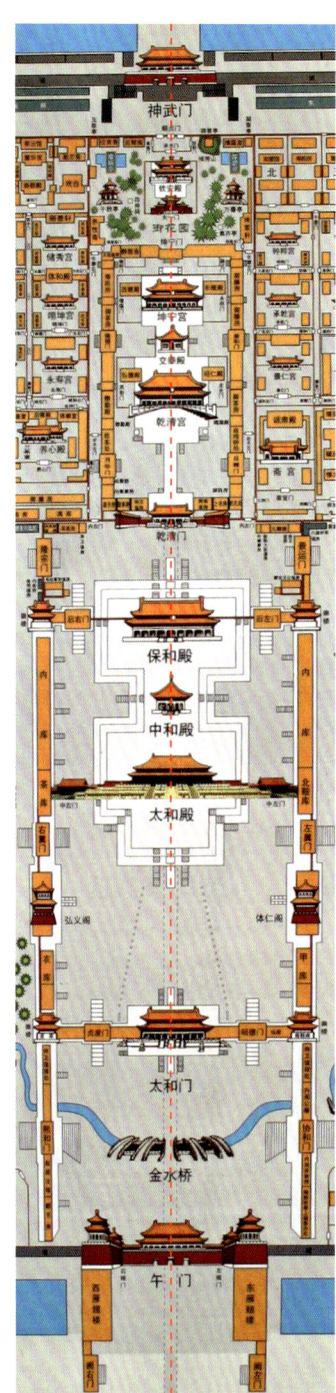

古人"天地人和"的哲学思想在家国天下的王朝中，是天命与彝伦的象征，是中华民族独有的观念。中轴线建筑群则是这一理念的完美体现，是建筑物与自然环境的高度协调统一。中轴线上跌宕起伏又连贯有序的建筑，包含着古人的审美意趣，体现着形式之美、颜色之美与内在涵义的完美谐和，同时又是人的精神的物化。梁思成先生曾如此感叹中轴线："一根长达八公里，全世界最长，也最伟大的南北中轴线穿过了全城。北京独有的壮美秩序就由这条中轴的建立而产生。前后起伏、左右对称的体形或空间的分配都是以这中轴为依据的。气魄之雄伟就在这个南北引伸，一贯到底的规模。"天坛、十三陵、故宫的中轴线承载着对天的敬虔，对祖先的敬重，对皇权的敬畏，是人对于天地及世间万物的思考，是"天人合一"的物质载体，其人文精神和历史意义在当下的北京中也有着深刻的影响，引领着人们对古老文化的新思考。

左图：天坛建筑的中轴线（范贻光 绘）
中图：明长陵神道及地上建筑的中轴线（范贻光 绘）
右图：紫禁城建筑的中轴线（采自《紫禁城》画册）

北京城中轴线历史发展精髓

历经六百年春秋，城市不断发展、文化不断演进，古都北京的中轴线，也在新时代中获得新生。早在20世纪80年代，为举办亚运会，北京的中轴线开始向北延长，奥体中心和亚运村拔地而起，鼓楼外大街与北辰路也相继开辟。诚如为北京城市规划投入毕生精力的侯仁之教授所说，北京的城市规划建设中的三个重要里程碑，一是紫禁城，它是古代中国宫殿建筑中最有代表性的一组建筑群，是历史上皇权统治的中心，无论在文化上还是古迹上都举世闻名；二是天安门，新中国把一个旧时代的宫廷广场，改造成一个人民的广场，给北京带来了一个全新的景象，这在北京城市建设发展史上具有重要意义；第三个里程碑，就是国家奥林匹克体育中心和亚运村的建设，这是对北京城传统中轴线的延伸，代表着北京开始走向国际、走向世界。这三个里程碑归结起来，都在北京城传统的中轴线上，都与北京城的中轴线相关。

进入新世纪之后，2008年北京奥运会场馆布局，就建造在中轴线北延长线的顶端。奥运新建筑不仅很好地和古城建筑融合在一起，而且还使北京传统的中轴线由7.8公里延长至25公里。随着它绵延的脉络，一种新的蓬勃的气象在这座古都中升腾而起。历史上的中轴线，也在随着历史和文化的变迁而完善。北京旧城内

奥林匹克公园平面图显示出的中轴线

奥林匹克公园农历广场平面示意图

奥林匹克公园围绕贯穿整个园区的中轴线设计了不同的景观：中轴线西侧的矩形树阵和东侧的龙形水系。在龙形水系和中轴线之间又设置了庆典广场、下沉花园和休闲广场三段不同的空间。园区之中竖起一座标志性景观塔——玲珑塔。此外，园区中已有的历史遗存，如北顶娘娘庙等古迹，也融入整个景观。中轴线本身设计为景观大道，总长3700米，借鉴了天坛、天安门、故宫的传统中轴古御道采用灰色花岗石铺装的做法，是一条中间不设置建筑物的"虚轴"，与旧城设置建筑物的"实轴"遥相对应。在奥运赛区的南端，是一条通往奥林匹克公园的"民族大道"，它包括富有浓厚民族色彩的琉璃广场、农历广场、绵延70米的绿色长廊。北起四环路，南至北土城路，南北总长1180米，体现出中华民族博大精深的文化底蕴与中国人民面对未来的自信精神。

"农历广场"为覆斗形，外形呈"玉琮"断面的形状，外方内圆，由里到外分别是十天干、十二地支、二十四节气；四角则表明四季。其整体造型不仅阐释了农历的基本关系，而且形象地体现了诸如"子午"、"晨昏"、"夏至"、"冬至"、"春分"、"秋分"等概念，体现了中国传统的天地和谐、四方和睦。中轴线的向北开拓，是一种飞跃的绵延，过去与未来、传统与现代，都能找到最终的融合与平衡，为古老而又年轻的北京注入勃勃生机。

奥林匹克公园民族和谐阙及农历广场

的钟鼓楼、地安门、前门、永定门，突出了中轴线的对称严谨、壮观开阔的文化特色。而奥林匹克公园的建造，同样秉承了这一思想。奥运场馆的现代化设计，与中轴线上的传统建筑有着强烈的反差，体现了新时代北京的新形象。如果说紫禁城象征了北京的悠久历史，奥林匹克公园就是新北京发展的体现，两者为北京营建了一个对比鲜明的城市形象。

北京的这条中轴线，代表了中国古代与现代城市建设的思想、文化和水平。在城市规划设计上，它是中国中原农耕文化与北方游牧文化的结晶。它的中心建筑突出、明显，左右形成不同建筑规模、空间的呼应和对称，巧妙地选择了永定河故道留下的水域，充分反映了北方游牧民族择水草而居的生活习俗与中原农耕民族中正、对称、包容、和谐的文化传统与美学思想，同时又深刻体现出"天地人和"这一中华民族所特有的哲学理念。中轴线凝聚了北京这座城市文化历史发展的精髓，它不仅是北京城市的脊梁，更是关于北京人文历史、道德教化、风俗民情乃至社会发展的一条命脉，是北京的城市之魂，也是北京的文化之根。

（二）赋予象征力的文化内涵

北京建城已有三千多年历史，以建都计算，至今也有八百余年。悠久的历史和不断上升的城市地位，都与北京良好的地理环境密不可分。北京位于华北大平原的北端，总体地势西北高、东南低。西部山地属太行山余脉，称为西山；北部和东北部山地属燕山山脉，称军都山；中部为平原，向东南伸展，直入渤海。北京北与内蒙古高原接壤，西与山西高原比邻，东北与松辽平原相通，南与黄淮海平原毗连，地理位置恰好居于中原与蒙古高原和东北平原三大地理区域的交接地带，自古为南北交通枢纽。

上述优越的自然条件在堪舆家眼里也具有重要的象征意义。北京的西山为太行山脉，军都山为燕山山脉，均属昆仑山系。昆仑山是传说的仙山，道教称其为神仙所居十洲三岛之一，相传为西王母的安居所在。北京地势自西北向东南微倾，西山、军都山与永定河，构成"山环水抱"、"藏风聚气"的风水格局。宋代理学家朱熹评价北京说："天地间好个大风水！冀都山脉从云中发来，前面黄河环绕。泰山耸左为龙，华山耸右为虎。嵩山为前案，淮南诸山第二重案，江南五岭诸山为第三重案。故古今建都之地，皆莫过于冀都。"

紫禁城，作为北京的中心，其址与方位布局亦煞费苦心，本来无山无水，经堆山引水后形成了背山环水的风水局面。

经明清两代，北京"九坛八庙"的格局最终确立。"九坛八庙"分居京城内外。天、地、日、月四坛分列南北东西四方，与中国古代礼制建筑所遵循的祀典相吻合；太庙与社稷坛列于紫禁城外东西两侧，符合《周礼·考工记》中"左祖右社"的礼制规范。十三陵的选址运用了古代的风水理论，并兼顾宗法礼制关系。在中国传统建筑中，数字不仅是用来计量尺寸、比例的工具，它还作为一种符号，体现特有的文化象征意义。我国传统建筑色彩丰富，所表现的文化象征意义同样多姿多彩。

总之，所有建筑的方位、形状、数目、颜色等具体表象，均反映了帝制时代皇权至高无上的特点。所以，我们在传承坛庙与陵寝的文明精髓时，首先必须认真总结它们所遵循的所有理论，及其深邃的文化内涵。

明十三陵陵区分布图（十三陵特区提供）

天坛俯视图

赋予象征力的文化内涵

文化北京图卷 **坛庙与陵寝** 传承坛庙与陵寝的文明精髓

明长陵建筑色彩示意图，红墙、黄瓦、绿树、蓝天，构成十三陵的整体色调。（范贻光 绘）

祈年殿内景仰视图

209

1.选址与布局的风水理念

（1）北京城、紫禁城、奥林匹克公园的风水

北京作为帝都，地位不同寻常，所以在选址上颇具匠心。北京城背倚山川，俯视平原，在这样的山水间，形成"藏风聚气之地"。这种选址是建立在人与自然环境和谐相处的基础之上，特别体现在水利建设上。北京历史上对城市水系进行数次修治，完善城市用水系统。

明代北京郊坛宗庙的修建，是在"永乐迁都"的历史背景之下进行的。永乐十五年（1417年）郊庙建筑开始动工，三年后（1420年）与北京宫城同时完工。当时建成的坛庙，有"九坛八庙"中的天地坛、山川坛、先农坛、社稷坛；以及太庙、奉先殿、寿皇殿和重修的文庙。嘉靖年间，北京的坛庙建筑进行了大规模的改建和新建：嘉靖九年（1530年）实行天地分祭，将天地坛更名为天坛，在都城北郊另建地坛，此外又分别于都城东、西郊建成朝日坛和夕月坛，并在安定门外建先蚕坛，后移至西苑。嘉靖十一年（1532年）在山川坛内增建太岁坛，并在阜成门内修建历代帝王庙。清代以后，于顺治年间建堂子，康熙年间建传心殿，乾隆年间改建雍和宫。历经明清两代，北京"九坛八庙"的格局最终确立。

"九坛八庙"中尤以天坛的选位完美契合了中国传统的阴阳五行理论，在坛庙中最具代表性——据儒家典籍《礼记》，祭天应"兆于南郊，就阳位也"，天坛即位于北京城南郊；又据"九天方位说"，应立坛于"丙巳之位"的东南方向，是"阳天"方位，乃阳中之阳，天坛即定位于此。

紫禁城，作为北京的中心，其选址与方位布局亦煞费苦心。为了压制元朝的"王气"，明紫禁城在元皇宫延春阁上堆土成山，即今景山。该山是全城的制高点，恰位于全城的中轴线上。有山无水不成风水，故利用高粱河水系，引玉泉山水，自紫禁城西北角入宫，其风水寓意为：水自西北乾位来，在帝居西方之白虎位北向南流，又折向东，经金水河从紫禁城东南巽位流出。西北为天为阳，东南为地为阴，使金水河之水自天门入、由地户出，与景山一起，使紫禁城形成了背山环水的风水局面。

奥林匹克公园北端为"仰山"，座落在中轴线上，以奥海为龙头的龙形水系在中轴线东侧。此水系在清河南岸洼里乡，与北京水系的龙脉相通，贯穿在奥林匹克公园中。仰山是奥林匹克公园的主峰，与北京皇城中轴线建筑节奏峰值的景山南北呼应，暗合了"诗经"中"高山仰止，景行行止"的诗句，并联合构成"景仰"一词，符合中国传统文化对称、平衡、和谐的意蕴。奥林匹克公园中的仰山奥海及龙形水系，不仅符合城市规划的环境需求，更是秉承了古都建筑文化的"风水"内涵，其中的文化意义自然深厚。

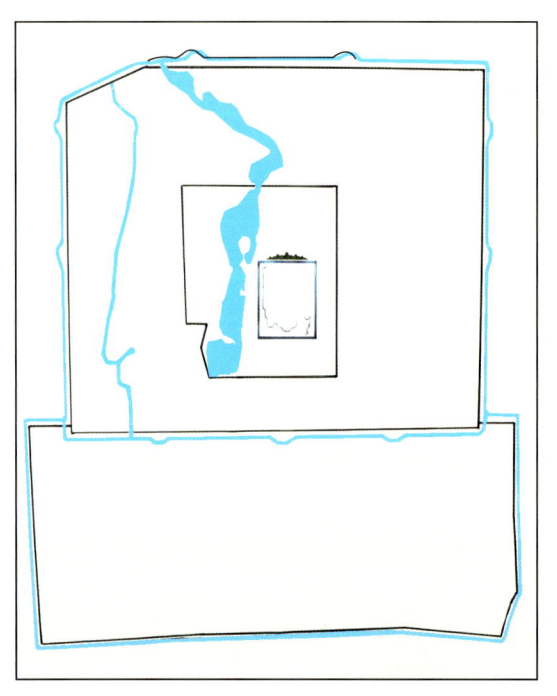

北京城水系图（范贻光 绘）

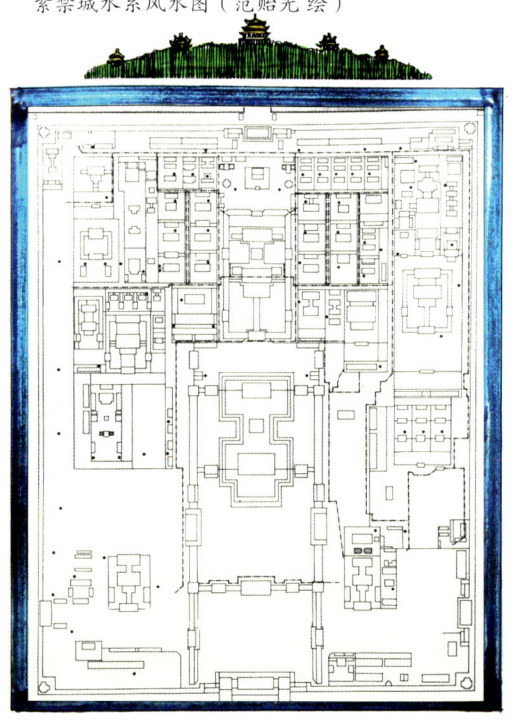

紫禁城水系风水图（范贻光 绘）

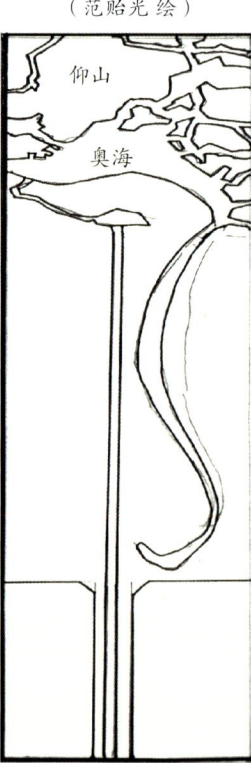

奥林匹克公园风水图（范贻光 绘）

（2）十三陵的风水

作为明帝长眠处的十三陵，坐落于朱棣亲自踏勘并敕封的"天寿山"下。其地北、东、西三面环山，南面开敞，山间众溪汇于陵前河道后，向东南奔泻而去。陵前六公里处神道两侧有两座小山，东为"龙山"，西为"虎山"，符合左青龙、右白虎的四灵方位格局。天寿山山势延绵，"龙脉"旺盛。陵墓南面而立，背后主峰耸峙，左右"护砂（山）"环抱，前方景状开阔。陵墓的"明堂（墓址）"平坦宽广，山上草木丰茂，地脉富有"生气"，无疑是一处天造地设的帝陵吉壤。

十三陵的选址运用了古代的风水理论，并兼顾宗法礼制关系。就风水理论而言，十三陵所在的天寿山属燕山山脉，燕山自古就是"北干王气所聚之地"。特别是天寿山一带，主峰雄峙于北，蟒山、虎峪环抱东西，龙山、虎山等秀丽小山在南面遥相呼应。群山环绕，川原开阔，西北山水于盆地中部汇合之后，向东南方向曲折流去，构成了一幅妙合于形家风水理论的壮丽的蓝图。就宗法礼制而言，十三陵以长陵为中心，其他帝陵左右分布，理论上辈分较高的皇帝距长陵较近，辈分较低的皇帝距长陵较远。就建筑美学而言，陵区的选择力求规模宏大，辽阔而不空旷；陵寝的布局力求疏密得当，错落有序；陵寝的建筑力求雄美壮丽、系统和谐。最终使陵寝与山水相互映衬，情景相生。

十三陵从选址到规划设计，都十分注重陵寝建筑与大自然山川、水流、植被的和谐统一，追求形同"天造地设"的完美境界，用以体现"天人合一"的哲学观点。从而成为中国古代帝陵的杰出代表。

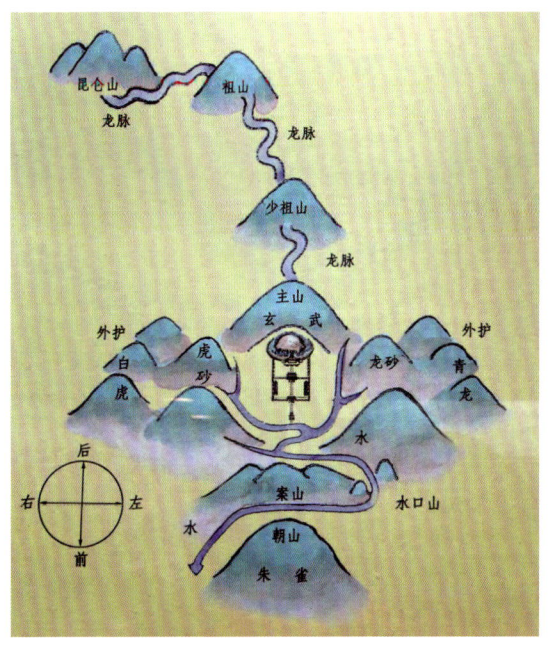

"风水"基本形势图

建成之后的十三陵，坐落于军都山西缘南麓的山间盆地，祖陵长陵正对天寿山主峰，其他各陵也都有山峰对应。陵墓三面群山环抱，层峦叠嶂、千峰巍峙，宛如一堵天然的城墙将其围住。盆地中央开阔平坦，中部有水自西北流向东南，将盆地分成南北两半，水流两岸土地肥沃，古木成林。陵墓东面有蟒山盘卧，西面有虎峪山雄踞，真可以说是一个藏龙聚气的宝地。

十三陵各陵分布图（十三陵特区提供）

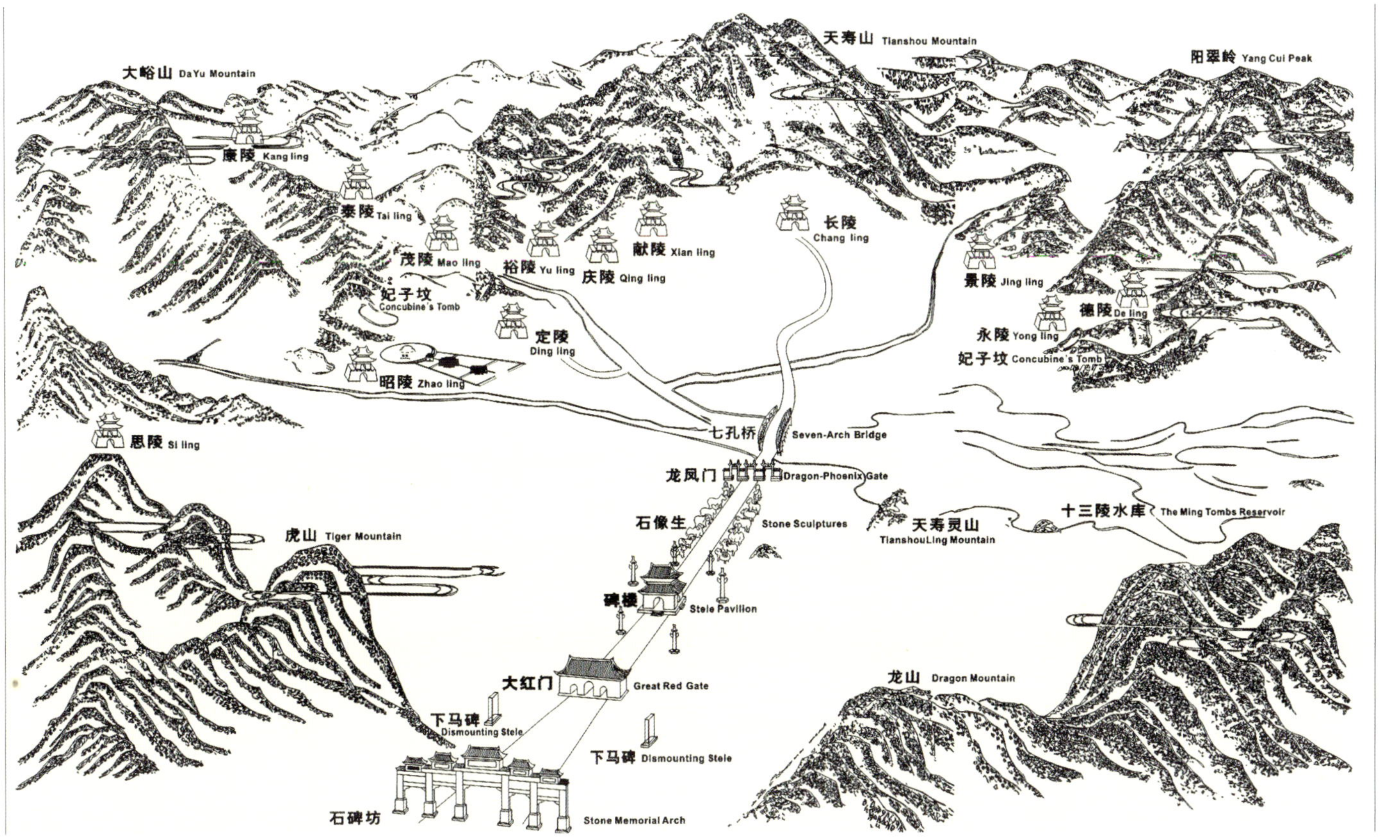

2.建筑中形状的文化象征

除选址外,包括坛庙、陵寝在内的北京传统建筑在建筑形状上也充分表现出象征意义。《周易》曾对天、地、日、月四坛的建筑形象特色产生了决定性影响,其中乾卦代表天,以圆形指代,坤卦代表地,以方形指代。用形象的比喻,天像一个穹隆扣在方形的大地之上,这就是"天圆地方说"。古代帝王为与天相应、与地相通,以求得天地之神的佑护,于是就将天坛建成圆形,将地坛建成方形。同时,按照后天八卦方位,离卦为南,坎卦为北,分别与先天八卦的乾坤二卦位相重。因此,日坛与天坛一样建成圆形,月坛与地坛一样建成方形。天坛有坛墙两重,形成内外坛,均为北圆南方。这是由于天坛在建成之初本为天地坛,是天地合祭之处,如此设计是为了把天地的形象表现在坛墙上,蕴含着"天圆地方"的宇宙观。

太庙大殿
庑殿顶

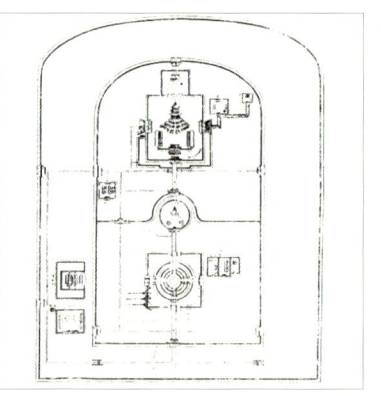

天坛

天坛圜丘
三层石栏杆

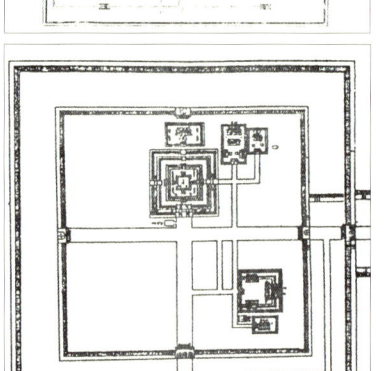

地坛

清东陵裕陵
隆恩殿重檐歇山顶

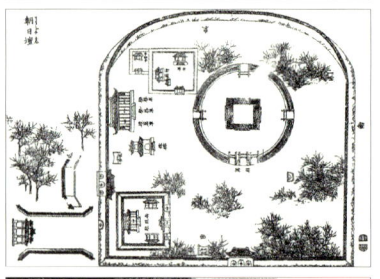

日坛

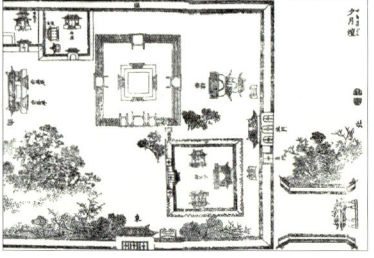

月坛

无论坛庙、陵寝、宫殿等分别代表着天、地与人的建筑形式,都统一在严格的等级制度之下。以建筑的屋顶为例,规格最高的是庑殿顶,即屋顶有四面斜坡,一条正脊和四条斜脊,屋面稍有弧度,又称四阿顶。这种屋顶通过"举折"技术建造而成的凹曲屋面,是"天圆地方"与"天人合一"观念在建筑上的生动体现。所谓"无规矩不成方圆",在古人的观念中,"天圆"与画圆的"规"联系在一起,"地方"与画方的"矩"联系在一起。建筑物上圆象天象规,以曲线表示;下方法地法矩,用方正的台基和屋身表示,通过法天象地表现出"天圆地方"的宇宙观念。凹曲屋面形如"人"字,它又与古代天地人学说相吻合,天在上,地在下,人在中间,符合"天人合一"学说。这种屋顶,用于故宫太和殿、太庙大殿、长陵棱恩殿等最高规格的建筑。次之一等的歇山顶,由前后两个大坡檐、两侧两个小坡檐及两个垂直的等腰三角形墙面组成。这种屋顶,用于天安门、太和门等规格相对较高的建筑。而攒尖顶的使用则较为灵活,既用于天坛祈年殿这样的高规格建筑,又用于故宫中和殿等相对低一级的建筑,更广泛应用于亭、台、阁等园林建筑。此外,大到台基、小至彩绘,几乎所有建筑元素,均体现出森严的等级制度,都服务于至高无上的皇权,也体现了皇权力图对天地人限定而又调和的理念。

3.建筑中数字的文化象征

在中国传统建筑中,数字不仅是用来计量尺寸、比例的工具,它还作为一种符号,体现特有的文化象征意义。如数字"三",向来为国人所推崇。《老子》曰:"道生一、一生二、二生三、三生万物。"《史记》载:"数始于一,终于十,成于三。"《说文解字》道:"三,数名,天地人之道也。"可见,在我国传统文化中,"三"有着极为重要的意义。它反映在建筑上也早有渊源,红山文化东山嘴和牛河梁遗址中的祭坛,均是三层的祀天之台。明清故宫太和殿、太庙大殿、天坛祈年殿、长陵祾恩殿等重要建筑都坐落在三层台基之上,以显示建筑崇高的地位并造就其肃穆的氛围。而数字"六",被揲蓍法认为是"老阴之数",以代大地,这一点充分体现在地坛建筑中:方泽坛上层方六丈,下层方十丈六尺,每层均高六尺。坛外围象征方泽的水池亦宽六尺,代表江河湖海拱卫大地。至于数字"九",则最被我国传统文化所重视。《楚辞》说:"九者,阳之数,道之纲纪也";《易》中说:"乾玄用九,乃见天则"。古人还以奇数象天,把数字九作为天的象征,因此有"九天"、"九霄"之说。又因数字十是满盈之数,物极必反,满则溢,极盛必衰,故"以自谦待之",而"九"则为"百尺竿头更进一步",永远呈上升趋势,故"九"为至尊之数,为帝王所看中,皇宫建筑,多用"九"或"九"的倍数。在紫禁城前朝三大殿前后的大石阶上,可以看到九条龙的雕刻;宁寿宫前的琉璃影壁上可以看到九条用琉璃制造的龙;太和殿宝座上有九条龙;在宫殿大门上也有纵九横九的门钉。天坛中的圜丘坛建筑,也与九有着极为密切的关系。从其中心的天心石向外,三层台面每层都铺有九圈扇面形状的石板,上层第一圈为九块,第二圈为十八块,第三圈为二十七块,到第九圈为八十一块。中、下层以此类推,三层总计有三百七十八个儿,共三千四百零二块,象征九重天。四周石栏上雕刻花纹的石板数也有规定的数目,三层台面的栏板总数为三百六十块,由四十个九组成,正合历法中的"周天"之数。除三、六、九外,天坛中还有许多直接表征天象的数字,如祈年殿有二十八根楠木巨柱,内围的四根"龙井柱",象征一年四季;中国十二根"金柱",象征一年十二个月;外层十二根"檐柱",表示一天十二时辰;共计二十八根柱,代表上天二十八星宿。

太庙享殿三层台阶

故宫三大殿俯视图,有工字型的三层台阶

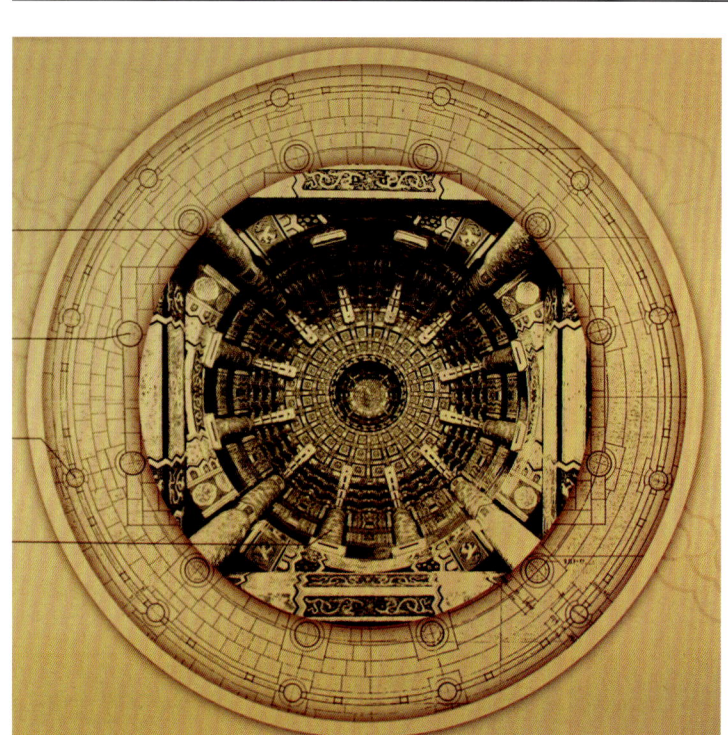

天坛是明清时期祭天的场所。祈年殿建造了一个硕大的圆形屋顶，象征着苍穹。

祈年殿中4根龙井柱象征春夏秋冬四季，12根金柱象征一年的12个月，加上12根檐柱象征24节气，加上4根龙井柱象征28星宿。整个大殿木柱的排列数目与天象有关。这几层柱子托起的是一个巨大的穹隆藻井，藻井就是天体的象征。人们通过这处"天体"向上天传达人间的意愿；这里成为人与上天沟通的途径。

地坛方泽坛平面呈正方形，坛两层，其形状构成以及坛墙、拜台的建造，是一系列方形的构造，方形代表大地。这种设计与天坛以圆形构成的平面形成对照，具有象征意义。按古代天阳地阴的说法，方泽坛坛面的石块均为阴数（双数），八级台阶，坛面石块数目为八的倍数。

圜丘坛台面石板数为9的倍数

4.建筑中色彩的文化象征

我国传统建筑色彩丰富，所表现的文化象征意义同样多姿多彩。首先，青、赤、黄、白、黑五色与五行、五方相对应，董仲舒在《春秋繁露》中记载："左青龙、右白虎、前朱雀、后玄武、中央后土"；《周书》中更具体说明了五行的性质及排列次序为：水、火、木、金、土。社稷坛中的五色土尤为引人注目。青、红、白、黑、黄五种颜色的土壤，象征着广博的中华大地——东为青土，代表东边的大海；西为白土，指代西部的沙漠；南为红土，以示南方的红土地；北为黑土，象征北部的黑土地；而中为黄土，是黄土高原之寓意。

据《清史稿》志五十七记载："乾隆十三年，诏祭品宜法古。……见识陶必辨色，圜丘、祈谷、常雩青，方泽、社稷、先农坛、日坛赤，月坛白。"因此，所制祭器多仿自古代钟鼎彝器，而祭器色彩则按祭祀对象一一对应。将颜色的理念深入到建筑群中，则有天坛祈年殿覆蓝色琉璃瓦顶，象征青天，配上四周绿树与红墙、白栏杆与之相呼应，形成了既和谐又崇高的祭天氛围。对于十三陵，除以黄瓦、红墙、白台基为主的陵寝建筑外，立于长陵神道最南端的一座六柱五间十一楼的超大石牌坊尤为引人注目。石坊原为油漆彩绘，如今虽已褪色，依然能让人想见当年雄伟华丽的场面。在肃穆的帝王陵寝门前，立起这样一座彩色石坊，既是一种五行五色结合的表现，也反映了古人阴阳调和、生死相济的理念。

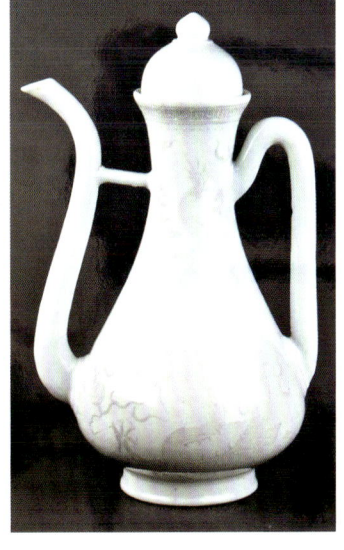

彩色的祭器

社稷坛五色土
　青、红、白、黑、黄五种颜色的土壤象征广博的中华大地。

天坛色彩示意图（范贻光 绘）
　蓝瓦覆顶，灰墙、红墙并存，绿树、白栏杆相间，构成天坛整体色彩。

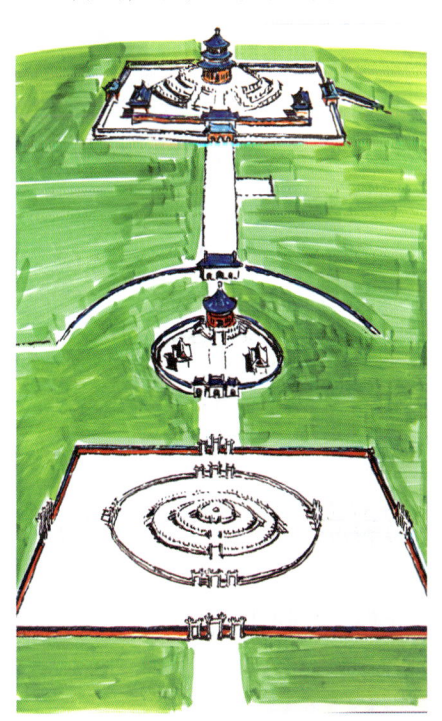

（三）跨越新世纪的现代传承

天坛与十三陵的坛庙陵寝文化延续至今，其中的某些文化载体，随着历史的变迁虽已残缺不全，但文化的内核依然保存完好。过滤掉天坛、十三陵建筑及礼仪中关于皇权的色彩，单就人的追求而言，中国人始终追求与天地共参、天人合一的思想境界。继承这一宝贵的文化财富，并赋予它新的时代风貌，使之转化成促进新时期文化腾飞的精神动力，意义重大。

天坛与十三陵作为明清皇家坛庙与陵寝的杰出代表，人们对其珍贵的历史文化价值与传统文化优势有着深刻的认识，长期以来进行了有益的探索、挖掘、开发和利用。为了形成适应天坛、十三陵特区的发展思路，作为世界文化遗产的管理者付出巨大的努力，就二者的文化产业发展和旅游业的开发等课题进行了认真细致的思考。这项工作从一开始就得到社会各界人士的广泛关注和积极参与，数十年来的研究与探索已卓有成效，皇家祭坛变为公园，帝王陵寝成为文化景区，这一系列文化产业的开发，既弘扬了民族文化，又取得了可观的经济效益和社会效益。但是既要对天坛与十三陵的文化资源进行开发利用，又要对其文化遗产进行继承发展，还要对其文化风貌进行合理保护，这作为一项长期的课题和艰巨的任务，着实任重而道远。

1998年和2003年，天坛与十三陵分别加入《世界遗产名录》，为中国世界遗产家族的壮大贡献了一份力量，也对我国文化事业的繁荣与发展以及文物保护工作的加快进行起到了深远的影响。

由天坛、十三陵共同环护的"北京中轴线"申遗工程也于2011年6月11日正式启动。中轴线作为古都北京的中心标志，在世界上有着独一无二的文化价值。它是中国几千年来按中轴线进行都城规划建设思想的一个仅存的生动样本，从中可以反映出中国古代的城市布局理念；它对北京城现有的规划布局起着灵魂的作用，与西方城市格局截然不同；围绕中轴线两侧的建筑布局，完全体现着中国古代"左祖右社"、"文东武西"的礼制思想。天坛作为其中重要的文物建筑，见证了人的对所能达到的天人合一境界的不懈追求，以及对壮美、对精致演绎的登峰造极和炉火纯青，仍将在中轴线的申遗过程中大有作为。十三陵作为中轴线北延长线西侧的重要建筑，是中轴线文化的有力外延，也将为中轴线申遗提供参考借鉴。

金乌起落，涛卷云飞，北京的坛庙陵寝，见证了多少兴衰更替。从巍巍帝都到国际化城市，在当今世界发展的浪潮中，古都北京焕发生机。作为北京宝贵的文化遗产，昔日的皇家禁地天宫地宫，如今不但已成为平民的乐园，也日益受到世界的广泛关注，成为连接民族与世界的桥梁。如何在现代化进程中，将传统民族文化的精华融入现代价值，转化为现代社会的文化基因，是时代赋予的使命，也是我们探索北京坛庙陵寝文化的现实意义之所在。

第三届北京国际电影节开幕式

跨越新世纪的现代传承

 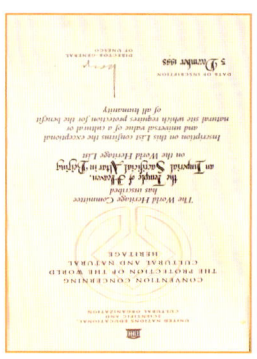

世界遗产委员会评价

天坛建于公元15世纪上半叶,坐落在皇家园林当中,四周古松环抱,是保存完好的坛庙建筑群,无论在整体布局还是单一建筑上,都反映出天地之间的关系,而这一关系在中国古代宇宙观中占据着核心位置。同时,这些建筑还体现出帝王将相在这一关系中所起的独特作用。

——世界遗产委员会评语

天坛是明清两代最高等级的皇家祭坛,曾是庶民百姓不得涉足的神圣禁地。民国建立后,天坛移交民国政府管理。1913年,为纪念共和一周年,天坛开放十日,任人游览,这是天坛首次对民众短期开放。同年,民国政府交通总长朱启钤拟文《请开京畿名胜》,试图将天坛永久开放。但随着袁世凯复辟祭天,以及之后张勋复辟使天坛变为战场,此事被迫搁置。1918年元旦,天坛终于迎来了正式开放的日子,中外人士均可购票入园。从此,神圣不可侵犯的皇家祭坛,变为普通民众游览娱乐的公共场所。新中国成立后,天坛因其所具有的文物价值和文化价值,开始受到越来越多的重视。20世纪50—60年代,天坛公园开始注重旅游开发,完善设施、改善环境。改革开放后,天坛公园更将文化发展放在首位,确定了"恢复古坛神韵"的建设方针,淡化商业气氛,恢复了历史原状,为后来的成功"申遗"奠定了基础。

重焕新生的天坛公园,依托自身特色与优势,致力于祭天历史文化内涵的开发和利用,通过多种多样的方式大力弘扬中华民族优秀的传统文化:神乐署揭开中华雅乐神秘面纱,铺开一幅皇家乐舞绚丽画卷,伴随优雅乐曲,引人们穿越时空,踏上神乐之旅;祈谷坛剖析祈年大殿精巧结构,展示经典中华古建高超技艺,震撼世人心灵,令观者赞叹不已,陡升敬佩之情;礼仪馆细述中国古代祭天礼仪,诠释礼仪之邦文明统绪之渊源;斋宫内复原皇帝昔日斋戒陈设,体味华夏民族敬天尊祖之虔心;岁岁天坛文化活动,祭天乐舞场面恢宏,大驾卤簿盛装奢华,新春佳节市民欢聚共赏传统文化;日日宫廷雅乐展演,八音奏鸣金声玉振,中和韶乐频传天籁,四季寒暑游客驻足品味礼乐华章。

天坛公园在每年的春节期间,举办祭天仪仗乐舞表演,以展现和弘扬祭祀文化。这是乐舞生在升陛桥上表演。

天坛神乐署凝禧殿内"中和韶乐"表演

2013年4月第三届北京国际电影节开幕式在天坛祈年殿举行，"天人合一，美美与共"的理念和"共享资源，共赢未来"的主旨，既体现"天人合一"的理想，又以全球化的视野，与文化厚重的天坛相融合。

祈年殿前祭祀祀典礼仪展演

代表大驾卤簿的仪仗队伍展演

随着北京奥运会的成功申办，天坛公园也积极参与到这一文化盛事中来。发布了以天坛图案为背景的奥运纪念钞，奥运火炬在天坛传递。"天坛文化"与"人文奥运"结合在一起，实现了新时代的"天人合一"，古老的天坛焕发了崭新的生机。

按照新的城市总体规划，通过挖掘历史文化底蕴，将改造老城区与保护历史文化遗存相结合，借助文化的力量，统领区域城市建设、产业布局和社会事业发展，落实区域功能定位，实施了天坛文化圈战略。天坛文化圈以天坛为中心，以天坛及其周边诸多历史文化资源所具有的深厚底蕴为支撑，坚持内涵发展和集约发展，带动和促进体育产业、都市商业和文化旅游娱乐业三大产业在天坛周边实现集聚的特色功能区域。

时至今日，以天坛为首的"九坛八庙"（除先蚕坛外），已成为彰显古都神韵、点缀现代都市的靓丽景观：地坛仿清祭地表演承载市民大众祈盼国泰民安、风调雨顺、五谷丰登之心愿；孔庙祭孔大典仪式传承华夏学子致力尊师重道、彰显国学、统绪文脉之使命；帝王庙弘扬中华传统绵延不绝之理念，平添炎黄子孙凝聚之力；雍和宫博扬友善和睦、吉祥幸福之祈愿，昭告四海神州雍和景象；日坛巨幅"祭日"壁画再现古代祭祀太阳之神的场景；月坛"嫦娥奔月"雕塑寓意世人向往太空遨游的理想。市民大众晨昏赴园，汲自然之灵气，采天地之精华，以健身怡情；四海嘉宾至此驻足，览华夏之遗存、赏民族之瑰宝，秉文化传承。

跨越新世纪的现代传承

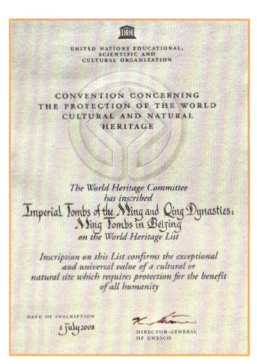

世界遗产委员会评价

明清皇家陵寝依照风水理论，精心选址，将数量众多的建筑物巧妙地安置于地下。它是人类改变自然的产物，体现了传统的建筑和装饰思想，阐释了封建中国持续五百余年的世界观与权力观。

——世界遗产委员会评语

明十三陵的陵寝制度承前启后，在明清皇家陵寝和中国古代帝陵制度史上占有重要的地位；明十三陵是中国古代巧妙利用山川、河流、原野等自然环境因素进行规划、设计的建筑杰作；明十三陵还代表着明朝200余年建筑艺术和建筑技术的最高成就。此外，还有一点比较重要的是，明十三陵与统治中国长达230余年的明朝十三位皇帝以及许多重要的历史人物有着密切的关系，这在世界上是独一无二的。

明十三陵作为明代的帝王陵寝，在清代也受到了较好地保护。清朝入关以后，废除了对于陵区和龙脉的各项禁令，周边农户可以迁入陵区开垦农田、种植果园，形成了诸多村落。十三陵在清代200余年间未受到过大的人为破坏。

中华民国成立后，民国政府重新厘清陵区内的文物古迹，将其纳入国家保护范围之内，并进一步确定了十三陵的管理人员。1929年，民国政府还特设了护陵警察对陵区进行保护。但由于时局动荡、战乱频仍，十三陵未能得到有效地保护与维修，各陵多有残损，文物也遭到不同程度的破坏。

新中国成立后，十三陵的保护与管理逐渐加强，先后设立了十三陵管理委员会和十三陵文物管理所，为之后十三陵的科学有效管理奠定了基础。1955年正式成立了十三陵管理处，十三陵的管理也发展为古代建筑修复、植树造林、绿化美化环境，开始了公园性质的管理。

1956年对十三陵之一的定陵进行了考古发掘，使其成为迄今唯一一座按照国家计划进行考古发掘的古帝王陵墓。定陵发掘成功后，数以千计的珍贵文物出土，对于历史研究的推动有着深远的意义。1959年定陵博物馆正式对外开放，文物发掘和研究的成果得以向公众展示。

1981年设十三陵特区办事处，负责十三陵的旅游管理。随着管理的不断完善，十三陵不但在文化资源开发和博物馆事业方面长足发展，而且在环境的综合治理、旅游服务等方面也成绩显著，明十三陵逐渐成为世界著名的文物古迹和旅游风景区。

有关十三陵的出版物

明定陵出土文物精品展

2011年8月在首都博物馆举办"回望大明——走近万历朝"展览，该展览被评为2011—2012年度全国博物馆十大精品

进入21世纪后,明十三陵加快了文化资源的开发,在定陵建起一座大规模的专题性古代帝王陵寝博物馆——明十三陵博物馆,向中外游客宣传弘扬我国传统文化。同时,十三陵特区凭借自身丰富的旅游文化资源,深入挖掘文化内涵,发展文化创意产业。2009年开展建设"十三陵明文化创意产业集聚区",包括主集聚区和一处飞地。主集聚区涵盖明十三陵、居庸关长城、银山塔林三大文化遗产以及周边邻近景区和村庄,飞地则包括昌平区沙河镇巩华城。聚集区内着力发展数字化的文博基地、数字十三陵体验馆和明文化影视基地等项目。十三陵景区于2011年5月荣膺国家5A级旅游景区称号。随着十三陵历史文化研究的不断深入,各项事业日新月异地发展,十三陵的文化内涵也将越来越丰富、深刻地展现在世人面前。

明长陵博物馆

2013年2月在明长陵神道举办"新春祈福"活动

2013年4月在明长陵举办"清明祭祀"活动

后 记

  过去了多少年，我仍然清晰地记得那天的情景。从天坛西门进入天坛，向东走了许久无趣，视野中仿佛只有树和道路，疲劳到几乎厌倦的时候，到了人声喧哗的回音壁，从回音壁转至成贞门，抬眼向北望去，顿时精神为之一振，仿佛先前的劳累都只是铺垫，只为此时此地这一眼崇高的仰望而获得的精神慰藉，至此我以为再疲劳也是值得。走到丹陛桥上，两侧的参天古树随着丹陛大道的渐次升高变得越来越矮小，人也变得渺小而微不足道，呼吸却可一直深入肺腑。道路尽头的神殿，无比高尚的天坛（那时还不知道圜丘才是名副其实的天坛），蓝色琉璃在阳光下熠熠生辉，让人接近却又无比高远，美好又神秘。返回的路上我再也不觉疲倦，仿佛净化了身心，原来只有树和道路的景观竟然有那么多的花喜鹊，喊喊喳喳充满生机。

  后来没想到在天坛工作，而且一待便是16年。期间大约有十年的时间潜心修《天坛志》，完成祈年殿、圜丘、斋宫历史原状陈列，主持天坛主体建筑的维修工程，编制天坛总体规划，拆迁神乐署居民并建成"中国古代音乐博物馆"，举办祭天研讨会及祭天大典活动，我从负责文物的普通员工成长为研究室主任、总工程师、副园长兼总工程师，一路走来，对天坛充满敬意。

  与十三陵结缘是在天坛申办世界遗产成功后，协助明十三陵、清东西陵申报世界遗产。当时可谓一波三折，当年没评选上，后来又补充了相关材料，对景区进行了较大规模的整改，多次召开专家论证会，这期间我受益颇多。在二十多年与文物及古建打交道的过程中，我深深得益于中国传统文化的滋养，专心致力于历史、文物与古迹的研究，有时感觉像在梦幻之中一样心驰神往。中国传统的"天人合一"思想，我理解便是与天地、与环境、与物材、与技艺合一，以此理解当时人物所要表达的意图，比如回音建筑在坛庙陵寝中的建造并营造的意境，祭祀音乐的空灵响彻对人心灵的荡涤，坛庙陵寝中参天古柏的无言诉说，天圆地方、天高地低、天玄地黄所淋漓尽致地表现出的纯净、高尚的境界……我一直沉浸在这古人建造的优美之中，我所热爱的文物事业，也不断因为热爱它的人士的努力而增加它的魅力。我认定历史古迹研究本身就具有伟大的天人感应，作为从事古迹研究工作的工程师，不仅是具有专业知识的技术人士，有时更像是一个孩子，在天地自然赋予的优美景色中，在古代先贤营建的美好环境里，好像迷醉于神话宫殿一般。这种魅力使我终日埋头工作。堪称世界遗产的那些古迹的美，我想不仅仅是建筑的高超、技艺的精湛，更是其中蕴藉的感情，对天地万物、对祖先、对人的感情。

  在首都博物馆工作时认识了范贻光老师。范老师是我的榜样，也是我的良师益友。当时我有个想法，比较天坛与十三陵的最终成果是举办"中国人的天与地"展览，范老师很支持这一想法，我们一起研究写作大纲，几易其稿。天坛李元龙、王桂荃两位老师参加，十三陵宋磊老师参加，东陵徐广源老师参加，每次开会都颇有心得，在范老师的组织下，大家畅所欲言，深入浅出。很多人参观天坛、十三陵，很少有人将二者联系起来看，也很少有人将二者与城市总体风貌与城市规划联系起来，通过研讨比较，天宫与地宫，天之光明与地之秘暗，阴与阳，生与死，其间有那么多的涉关人生、哲学、礼仪、宗教、建筑、音乐等等奥秘，最终归于永恒。

  中国人始终追求与天地共参、天人合一的思想境界。当你徜徉在祭坛或皇家陵寝恢弘肃穆的神路上，当你置身于金碧辉煌的祈年殿或是无与伦比的祾恩殿，当你进入到东陵乾隆地宫中欣赏到精美绝伦的石刻，当你到天坛或十三陵的博物馆见到无数的金银财宝、古器珍玩，想起乾隆皇帝的咏天诗词，祭天祭祖的繁复礼仪，数以万计的随从跟随皇帝祭天祭祖，多少奢华多少愿望都随岁月烟消云散，那些古树、那些琉璃瓦见证了人对所能达到的天人合一境界的不懈追求，以及对壮美、对精致演绎的登峰造极和炉火纯青，而这一切都幻化在先人留下的沧桑古旧的遗迹中。如今，我们满含敬畏之心将它们保存好，并追随着、延续着先人的理念前行。

今天生活在北京的朋友，是否能够感受到先人对天地祖先的情感，是否能够感受到当年设计者在建造坛庙陵寝时祈求天地万物神灵对这座城市的佑护，同时也是对社稷江山佑护的那种深厚的感情？北京有九坛八庙，分布在城市的东西南北中，而城市的正北及东西则是明清两代帝王的陵寝，他们活着的时候在城市的心脏——紫禁城里统治天下，每年的春夏秋冬皇帝都要到天地日月坛祭祀，他们死后退居城市的上方向以及两翼俯瞰这座城市，仿佛仍要看护这座城市，看护中华的心脏。褪去帝王万代江山的想法，仅就城市规划、人居环境、天人合一的思想而言，也足以让人思索并感动。

作为文物及遗产的研究者、管理者，每每想到那些精美文物和壮丽宫殿所凝聚的无名设计者的智慧和无数劳苦大众的血汗，心底会油然而生责任感和自豪感。这本书历时尽5年，在几千张图片中选择最能说明理念的图片700多张，不单以摄影师的视角，更是以研究与保护的角度解读坛庙及陵寝所蕴含的深厚内涵，告诉读者不知道的细节，体会微小细节中的伟大。引领读者赏析的文字不仅是逐字逐句推敲斟酌，更是基于对众多纷繁的文献、图片等资料的比较后，集结成最新的研究成果。感谢范贻光老师，无论寒暑范老师都亲自到实地考察，书中的大多数图片都是由范老师拍摄并整理的，没有范老师的支持和最为具体的帮助，我是很难完成这项工作的。还要感谢工作团队，天坛、十三陵、清东陵的老师们不辞辛苦地参加每一次的讨论会，一张张地挑选图片，正是他们的辛苦付出，使得我们读懂天地，读懂天宫地宫的奥秘。

无论天坛、还是十三陵、东西陵，今天都是旅游胜地，每日游客熙熙攘攘穿梭不息，尘世喧嚣恐是惊扰了天地神灵，世事大不相同。好在还有文物文献，还有人细读品味，体会皇家坛庙陵寝的前世今生。

姚 安

2015年8月

图书在版编目（CIP）数据

坛庙与陵寝 / 姚安, 范贻光主编. -- 北京：学苑出版社, 2015.7

（文化北京图卷 / 齐心, 范贻光主编）

ISBN 978-7-5077-4795-9

Ⅰ. ①坛… Ⅱ. ①姚… ②范… Ⅲ. ①祭祀－古建筑－北京市②陵墓－北京市－画册 Ⅳ. ①K928.75-64 ②K928.76-64

中国版本图书馆CIP数据核字(2015)第136780号

责任编辑：刘 丰　张 芳
装帧设计：北京朱雀艺术发展有限公司
出版发行：学苑出版社
社　　址：北京市丰台区南方庄二号院一号楼
邮政编码：100079
网　　址：www.book001.com
电子信箱：xueyuanpress@163.com
销售电话：010-67675512、67678944、67601101（邮购）
经　　销：全国书店
印　　刷：北京华联印刷有限公司
开本尺寸：889×1194　1/16
印　　张：14
版　　次：2015年11月北京第1版
印　　次：2015年11月北京第1次印刷
定　　价：140.00元